Claus Gigl

Materialien und Kopiervorlagen zu

Wolfgang Herrndorf Tschick

Hase und Igel®

Inhalt

„Tschick“ – Das Buch im Unterricht 3

1. bis 14. Kapitel: Maik Klingenberg trifft Tschick

Inhalt und Vorschläge zur Unterrichtsgestaltung 5
Kopiervorlagen: Überschriften 12
Viele offene Fragen 13
Wie weckt der Autor unsere Neugier? 14
Maik und die Welt der Erwachsenen 15
Spitznamen – Kosenamen 16
Maiks Familie 17
Was weißt du über Tschick? 18
Maik und Tschick 19

15. bis 25. Kapitel: Die Reise ins Ungewisse beginnt

Inhalt und Vorschläge zur Unterrichtsgestaltung 20
Kopiervorlagen: Wer war Graf Luckner? 25
Ein angerissenes Porträt 26
Was denkt Tatjana? 27
Maiks und Tschicks Reise 28
Unterwegs in die Walachei 29
Familienklima 30

26. bis 39. Kapitel: Tschick und Maik auf Tour

Inhalt und Vorschläge zur Unterrichtsgestaltung 31
Kopiervorlagen: Ein Polizist berichtet 37
Eine fremde Sprache 38
Jugendsprache 39
Wer ist Isa? 40
„Wir könnten ja auch erst mal küssen“ 41
Ewige Freundschaft? 42
Am Ende der Welt 43
Das „Flusspferd“ 44

40. bis 49. Kapitel: Das Ende der Reise

Inhalt und Vorschläge zur Unterrichtsgestaltung 45
Kopiervorlagen: Überraschende Begegnungen 50
Alles Verbrecher? 51
Die Entwicklung der Freundschaft 52
Maik und seine Eltern 53
Maiks Reise – eine Heldenreise? 54
Personenkonstellation in „Tschick“ 55

Roman und Film

Vorschläge zur Unterrichtsgestaltung 56
Kopiervorlagen: Romanarten 59
Ein Coming-of-Age-Roman 60
Meine Erwartungen an den Film 62
Den Trailer untersuchen 63
Ein Filmplakat gestalten 64

MIX Papier FSC® C130643 www.fsc.org

Druckprodukt CO₂ kompensiert klima-druck.de ID-Nr. 24173238 VDM+
Mehr Informationen zur Berechnungsmethodik, zur Kompensation und dem gewählten Goldstandard-Klimaschutzprojekt finden Sie unter klima-druck.de/ID.

Bildnachweis
© Julian Nyča: Fotos auf S. 38
© StepMap: Landkarten auf S. 23 und 29

www.hase-und-igel.de
Lektorat: Mira Fischer
Illustrationen: Marc Robitzky
Druck: Joh. Walch GmbH & Co. KG, Im Gries 6, 86179 Augsburg, kontakt@walchdruck.de

ISBN 978-3-86316-477-5
2. Auflage 2025

„Tschick“ – Das Buch im Unterricht

Das Buch

Wolfgang Herrndorfs Roman „Tschick“ ist ein Jugendbuchklassiker des 21. Jahrhunderts, der häufig als Schullektüre gelesen wird. Das war keineswegs vorherzusehen. Als der Roman im September 2010 erschien, hatte sich Herrndorf noch keinen Namen als Jugendbuchautor gemacht. Zwar hatte er bereits einige Texte für Zeitschriften, Internetforen und Blogs geschrieben, war aber bis 2002 vor allem als bildnerischer Künstler tätig gewesen. Mit „Tschick“ gelang ihm der schriftstellerische Durchbruch: Die Kritiker äußerten sich zunächst verhalten, dann jedoch überwiegend positiv über die Road Novel. Das Buch stand beinahe ein Jahr lang auf der Spiegel-Bestsellerliste.

Herrndorf hat die Idee zu der Geschichte lange mit sich herumgetragen. In einem Interview sagte er: „Ich habe um 2004 herum die Bücher meiner Kindheit und Jugend wieder gelesen, ‚Herr der Fliegen‘, ‚Huckleberry Finn‘, ‚Arthur Gordon Pym‘, ‚Pik reist nach Amerika‘ und so. Um herauszufinden, ob die wirklich so gut waren, wie ich sie in Erinnerung hatte, aber auch, um zu sehen, was ich mit zwölf eigentlich für ein Mensch war. Und dabei habe ich festgestellt, dass alle Lieblingsbücher drei Gemeinsamkeiten hatten: schnelle Eliminierung der erwachsenen Bezugspersonen, große Reise, großes Wasser. Ich habe überlegt, wie man diese drei Dinge in einem halbwegs realistischen Jugendroman unterbringen könnte. Mit dem Floß die Elbe runter schien mir lächerlich; in der Bundesrepublik des einundzwanzigsten Jahrhunderts als Ausreißer auf einem Schiff anheuern: Quark. Nur mit dem Auto fiel mir was ein. Zwei Jungs klauen ein Auto. Da fehlte zwar das Wasser, aber den Plot hatte ich in wenigen Minuten im Kopf zusammen“ (aus: „Wann hat es ‚Tschick‘ gemacht, Herr Herrndorf?“, Interview von Kathrin Passig mit Wolfgang Herrndorf, FAZ-Online vom 31. 01. 2011).

Nachdem bei dem Autor im Februar 2010 ein bösartiger Hirntumor festgestellt worden war, ging es mit dem Schreiben recht schnell. Schon am 28. 03. 2010 notiert Herrndorf in seinem Blog „Arbeit und Struktur“: „Die letzten Tage den Jugendroman gesichtet und umgebaut, Übersicht erstellt, einzelne Kapitel überarbeitet, neue entworfen. Jetzt von Anfang an: jeden Tag mindestens ein Kapitel. In spätestens 52 Tagen ist es fertig. Heute: Kapitel 1.“ *(https://www.wolfgang-herrndorf.de/2010/04/drei/)*

Groß war dann die anfängliche Enttäuschung über die geringe Beachtung des Romans. Am 08. 10. 2010 stellt Herrndorf fest: „Drei Wochen ist Tschick raus, und in keiner Buchmessenbeilage und keiner Zeitung. Es ist mir nicht so gleichgültig wie früher.“ *(https://www.wolfgang-herrndorf.de/2010/11/neun/)*

Doch plötzlich ging es dann los mit positiven Rezensionen und einem reißenden Absatz: Bis September 2016 wurde „Tschick“ allein in Deutschland über zwei Millionen Mal, bis Herbst 2023 mehr als drei Millionen Mal verkauft. Den beachtlichen Erfolg seines Buches erlebte der Autor nur noch zum Teil. Im August 2013 nahm er sich aufgrund seiner schweren Krankheit das Leben.

Der Roman wurde in über dreißig Ländern veröffentlicht, außerdem gibt es eine Verfilmung von Fatih Akin, Theaterfassungen und eine Opernversion. Auch eine unvollendete Fortsetzung erschien posthum: „Bilder deiner großen Liebe“, herausgegeben von Marcus Gärtner und Kathrin Passig. „Tschick“ wurde mit Auszeichnungen überhäuft: 2011 mit dem Deutschen Jugendliteraturpreis sowie dem Clemens-Brentano-Preis, 2012 mit dem Hans-Fallada-Preis.

Hauptfigur und Ich-Erzähler des Romans ist Maik Klingenberg, vierzehn Jahre alt, unauffällig und in der Schule isoliert. Er stammt aus einer wohlhabenden Familie, wird aber von seinen Eltern vernachlässigt. Die alkoholkranke Mutter muss zum wiederholten Mal in die Entzugsklinik, der Vater fährt mit seiner Assistentin und Geliebten in den Urlaub. Er lässt Maik mit zweihundert Euro allein zu Hause zurück. Maik ist in seine Mitschülerin Tatjana verliebt, diese beachtet ihn jedoch nicht. Sie lädt Maik ebenso wenig zu ihrer Geburtstagsparty ein wie Andrej Tschichatschow, genannt Tschick, einen Spätaussiedler aus Russland, der neu in die Klasse gekommen ist.

Die beiden Außenseiter tun sich nun zusammen und beschließen, in den Sommerferien eine Reise mit einem gestohlenen Lada in die Walachei zu unternehmen. Dort kommen sie zwar nie an, erleben aber unterwegs eine Menge abenteuerlicher Situationen und lernen unterschiedliche Menschen kennen. Das führt dazu, dass sie über ihr Leben nachdenken, reifen und mit anderen Wertvorstellungen zurückkehren.

Dieses Material lässt sich zu beiden im Rowohlt Verlag erschienenen Taschenbuchausgaben nutzen (978-3-499-25635-6 und 978-3-499-21651-0). Sie zeigen zwar ein unterschiedliches Coverbild, Text und Seitenverteilung sind jedoch identisch.

Das Material

Im Mittelpunkt der Auseinandersetzung mit dem Roman stehen die ungleichen Hauptfiguren Maik und Tschick. Ihre äußere Reise ist zugleich eine innere Reise: Sie durchlaufen eine Entwicklung, die ihr Verhältnis zueinander, zu den Eltern (im Fall von Maik), den Mitschülern und anderen Menschen in ihrem Umfeld beeinflusst.

Das Begleitmaterial ist als Angebot konzipiert, aus dem Sie je nach Schwerpunktsetzung, Interesse der Schüler und individueller Unterrichtssituation auswählen können. Es gliedert sich in fünf Einheiten, wobei sich die ersten vier am chronologischen Handlungsverlauf des Romans orientieren. Diese Abschnitte beinhalten jeweils eine Zusammenfassung der einzelnen Kapitel. Darauf folgen didaktische Hinweise und Lösungen zu den Kopiervorlagen, Gesprächs- und Schreibanlässe sowie Ideen für eine kreative Auseinandersetzung mit anknüpfenden Themen. Direkt im Unterricht einsetzbare Kopiervorlagen schließen jede der fünf Einheiten ab. Der letzte Abschnitt beschäftigt sich mit der Gattung des Coming-of-Age-Romans und der Verfilmung von „Tschick".

Die Arbeitsblätter bieten vielfältige thematische Zugänge, z.B. Freundschaft, Familie, Erwachsenwerden, Reisen. Schreibanlässe wie innerer Monolog, Tagebucheintrag oder Bericht eröffnen Möglichkeiten, sich mit einzelnen Figuren intensiver zu befassen. Mithilfe von Schaubildern führen sich die Schüler den Charakter und die Entwicklung der Protagonisten vor Augen. Die Arbeitsblätter sind methodisch abwechslungsreich gestaltet, häufig kommen Formen des kooperativen Lernens (Gruppen- und Partnerarbeit) zum Einsatz.

Darüber hinaus finden Sie in der Rubrik „Kreativ aktiv" viele Ansatzpunkte für eine aktive Schülerbeteiligung, z. B. durch die Präsentation von Infoplakaten oder eigenen Texten.

Die Signets am oberen Seitenrand verdeutlichen den thematischen Schwerpunkt jeder Kopiervorlage:

Zur Lektüre

Beziehungs-strukturen

Die Reise

Umgang mit Sprache

Zur Verfilmung

Viel Freude und Erfolg bei der Auseinandersetzung mit dem Jugendbuchklassiker und dem vorliegenden Material wünscht Ihnen und Ihren Schülern

Claus Gigl

1. bis 14. Kapitel: Maik Klingenberg trifft Tschick

Inhalt

(1) Maik Klingenberg sitzt auf einem Hocker auf der Station der Autobahnpolizei. Er hat in die Hose uriniert und in seinen Schuhen ist Blut. Maik vermisst seinen Freund Tschick, der nach dem Unfall auf einem Bein ins Gebüsch gehumpelt ist. Seitdem hat Maik ihn nicht mehr gesehen. Doch er vermutet, dass die Polizei Tschick ebenfalls gefasst hat.

Beim Anblick des grauen Linoleumbodens schweifen Maiks Gedanken ab in den Sportunterricht an der Schule. Er denkt an die Mädchen in seiner Klasse, besonders an Tatjana Cosic, die er als das „schönste Mädchen der Welt" (S. 8) bezeichnet. Als ihm wieder einfällt, in welcher Situation er sich befindet, kommt ihm der Satz „Ich möchte meinen Anwalt sprechen" (S. 9) in den Sinn. Ihm wird die Lächerlichkeit dieser Vorstellung bewusst, da er keinen Anwalt persönlich kennt und nicht einmal weiß, was ein solcher genau tut.

Durch das ganze Kapitel zieht sich die Frage, ob man mit vierzehn oder fünfzehn Jahren strafmündig ist. Maik muss sich von den Polizisten belehren lassen, dass – entgegen seiner Annahme – Strafmündigkeit schon mit vierzehn Jahren einsetzt. Als Maik sich an seiner Wade kratzt, bemerkt er, dass er eine größere Verletzung hat. Daraufhin fällt er in Ohnmacht und kippt vom Stuhl.

(2) Maik erwacht und ist zunächst orientierungslos. Nach und nach wird ihm klar, dass er sich im Krankenhaus befindet und die Menschen um ihn herum ein Arzt, ein Polizist und eine Krankenschwester sein müssen. Der Arzt und der Polizist haben einen lautstarken Wortwechsel. Maik schläft wieder ein. Später kommt ein anderer Arzt in Begleitung einer Krankenschwester. Er fragt Maik nach seinem Befinden und ob er wisse, wie er heißt, und gibt ihm Medikamente.

(3) Maik erklärt, dass er sich im Krankenhaus wohlfühlt. Das liegt vor allem an einer Schwesternschülerin, Hanna, zu der er sich hingezogen fühlt. Vor allem gefällt ihm, dass sie ihn ernst nimmt und er „richtige Erwachsenenunterhaltungen" (S. 16) mit ihr führen kann.

(4) Der Arzt holt Maik ins Sprechzimmer und möchte von ihm erfahren, woher er seine Verletzungen hat. Insbesondere die Kopfverletzung interessiert ihn. Es entsteht eine für Maik peinliche Situation, da der Arzt seine Schweigepflicht erwähnt, Maik aber erst nicht weiß, worauf er damit eigentlich hinauswill. Schließlich wird Maik klar, dass der Arzt vermutet, die Polizisten hätten ihn misshandelt. Das weist Maik entschieden zurück. Auf Nachfrage des Arztes erklärt er, die Walachei sei das Ziel der Reise gewesen.

(5) Der Ich-Erzähler stellt sich als Maik Klingenberg vor und betont, dass er keinen Spitznamen habe. Nur in der sechsten Klasse habe man ihn kurzzeitig „Psycho" genannt. Maik nennt drei Gründe dafür, dass man keinen Spitznamen hat: Entweder man ist langweilig oder man hat keine Freunde oder beides trifft zu, was bei ihm wohl der Fall sei.

Maiks anschließender Rückblick auf sein Leben setzt mit dem Übertritt auf das Gymnasium ein. Anfangs war er noch mit Paul befreundet. Doch dann zog Pauls Familie aufs Land. Bei den wenigen Treffen, die es in der Folgezeit gab, hatten sich die Jungen, die ganz verschiedene Interessen ausgebildet hatten, kaum noch etwas zu sagen.

Bei seinem Nachdenken über Freundschaften kommt Maik auf Tatjana Cosic zu sprechen, die ihm zum ersten Mal in der siebten Klasse aufgefallen ist. Er beschreibt Tatjana als gut aussehend, gibt aber zugleich zu, kaum etwas über sie zu wissen.

(6) Maik erklärt, warum er in der sechsten Klasse „Psycho" genannt wurde: Der Spitzname geht zurück auf eine Reizwortgeschichte, die er bei Lehrer Schürmann schreiben musste. Darin hat Maik von seiner Mutter erzählt. Sie ist Alkoholikerin und hält sich immer wieder in einer Entzugsklinik auf, die sie selbst als „Beautyfarm" bezeichnet. Da die Mutter mit ihrer Krankheit und den Folgen offen umgegangen ist, hat sich Maik nichts dabei gedacht, dies in seinem Aufsatz ebenfalls zu tun. Der Deutschlehrer aber sieht durch Maiks Text die Persönlichkeitsrechte der Mutter verletzt und unterbricht Maiks Lesevortrag in der Klasse.

(7) In der siebten Jahrgangsstufe kommt André Langin in Maiks Klasse, weil er sitzen geblieben ist. Der „schöne André", wie er genannt wird, ist sofort der Schwarm aller Mädchen. Da er auch an Tatjana Cosic interessiert ist, lehnt Maik ihn von Anfang an ab. Auf einem Wandertag, der die Klasse in einen Wald im Süden Berlins führt, geht Maik hinter dem Pulk seiner Mitschüler, um Bäume zu betrachten. Beim anschließenden Picknick macht sich André über Maik lustig und erklärt, dieser habe den Spitznamen „Psycho" gar nicht verdient, weil er so langweilig sei. André erntet großen Zuspruch, Maik wird ausgelacht und hat von da an keinen Spitznamen mehr.

(8) Maik erzählt eine Episode aus dem Sportunterricht, die seine Außenseiterrolle in der Klasse deutlich macht. Eine Stärke von Maik liegt in den Sprungdisziplinen. Als es einen Hochsprungwettbewerb zwischen den Jungen

gibt, fühlt er seine Stunde gekommen. Er erhofft sich die langersehnte Aufmerksamkeit der Mädchen. Die haben sich in einer Gruppe um die Sportlehrerin versammelt und feuern André Langin und andere an. Maik schafft es tatsächlich, 1,65 Meter hoch und damit höher als sämtliche Klassenkameraden zu springen. Die Mädchen, allen voran Tatjana, der Maik imponieren wollte, nehmen davon jedoch keine Notiz.

(9) Am ersten Schultag nach den Osterferien bringt Lehrer Wagenbach einen neuen Schüler mit in die Klasse. Da Andrej Tschichatschow nichts Persönliches über sich, seine Herkunft und seinen Werdegang erzählen will, stellt Wagenbach ihn vor. So erfahren die Mitschüler, dass Andrej, den sie später als Abkürzung seines Nachnamens „Tschick" nennen, einer deutschstämmigen Familie angehört, die vor vier Jahren aus Russland gekommen ist. Tschick, der in seiner alten Heimat nie Deutsch gelernt hatte, besuchte in Deutschland zuerst die Förderschule, danach die Hauptschule, dann die Realschule und nun das Gymnasium – eine Bildungsbiografie, die Lehrer Wagenbach offenbar Respekt einflößt, sodass er Tschicks Launen hinnimmt.

Maik erkennt sofort, dass Tschick betrunken zur Schule gekommen ist, und bemerkt dies auch in den folgenden Wochen immer wieder. Er und die Mitschüler sehen in Tschick mit seiner schmutzigen und billigen Kleidung zunächst den „Asi". Schnell gehen Gerüchte um, er wohne mit seinem Bruder in einem Campingwagen, wahlweise auch in einem Hochhaus in der Nähe des Müggelsees oder in einer 40-Zimmer-Villa, da seine Familie Kontakte zur russischen Mafia hätte. Die Mafia-Gerüchte erhalten zusätzlich Nahrung, denn eines Tages bringt Tschick, der vor der Schule täglich von Oberstufenschülern gehänselt wird, diese Gruppe zum Schweigen. Als einer der Älteren sich wieder einmal über ihn lustig macht, geht Tschick zielstrebig auf ihn zu und flüstert ihm etwas ins Ohr. Darauf reagiert der andere verängstigt. Was Tschick ihm gesagt hat, wird im gesamten Roman nicht aufgelöst und lässt so Raum für Spekulationen.

(10) Zwei Wochen später bekommt Maiks Klasse von Lehrer Strahl eine Mathematikarbeit zurück. Diese fällt für Strahls hohes Anforderungsniveau recht gut aus, doch es gibt eine Sechs. Diese Note erhält Tschick. Lehrer Strahl zeigt sich aber verständnisvoll. Während des Gesprächs fällt Tschick vom Stuhl und dem Lehrer direkt vor die Füße. Er ist offensichtlich völlig betrunken. Maik wird klar, dass Tschicks schwankende Leistungen mit seinem Alkoholkonsum zusammenhängen. Auch die Lehrkräfte kommen zu dem Schluss. Sie sprechen Ermahnungen aus, verhängen aber keine richtigen Strafen, da Tschick ein schweres Schicksal nachgesagt wird.

(11) Tschick scheint nicht bereit, sich den Erwartungen der Erwachsenen anzupassen. Das zeigt seine Interpretation der Keuner-Geschichte „Das Wiedersehen" von Bertolt Brecht. Hier liefert Tschick eine abenteuerliche Interpretation von einem Waffenschieber, der sich sein Gesicht chirurgisch verändern lässt und umso mehr erschrickt, als er doch auf der Straße erkannt wird. Lehrer Kaltwasser kommentiert und benotet Tschicks Aufsatz nicht. Anschließend liest eine andere Schülerin „die richtige Interpretation, wie sie auch bei Google steht" (S. 55) vor.

(12) Tatjanas vierzehnter Geburtstag steht bevor. Er soll gleich zu Beginn der Sommerferien mit einer großen Party gefeiert werden. Ihr Onkel stellt dazu seine Villa in Werder zur Verfügung. Tatjanas Mitschüler sind schon Wochen vor dem Termin aufgeregt und überlegen, welches Geschenk sie mitbringen könnten. Da Maik weiß, dass Tatjana ein Fan von Beyoncé ist, kommt er auf die Idee, ein überlebensgroßes Porträt der Sängerin für sie zu zeichnen.

Am letzten Schultag ist Maik nervös, weil er noch immer keine Einladung von Tatjana bekommen hat. Als er die kleinen grünen Kärtchen in den Federmäppchen einiger Mitschüler entdeckt, ahnt er, dass Tatjana ihn nicht eingeladen hat. Nach Unterrichtsende verlässt er enttäuscht das Schulhaus.

Tschick, der ebenfalls keine Einladung erhalten hat, spricht Maik an und macht ihm ein Kompliment zu seiner Jacke. Es kommt zu einem kurzen Wortwechsel über die Jacke und über das Jahreszeugnis, das Maik noch nicht einmal angesehen hat, bevor sich ihre Wege trennen.

(13) Als Maik zu Hause ist, bemerkt er, dass er sein Fahrrad in der Schule vergessen hat. Später läuft er wieder los, um es zu holen. Dabei kommt er an einem Spielplatz vorbei, wo er sich manchmal auf den Indianerturm zurückzieht. Er sieht das brachliegende Gelände rundherum und denkt über das gescheiterte Vorhaben seines Vaters nach, hier mit dem Bau von Einfamilienhäusern viel Geld zu verdienen. Infolge eines jahrelangen Rechtsstreits mit Umweltschützern hat Herr Klingenberg einen Großteil seines Vermögens verloren. Maiks Familie ist also inzwischen keineswegs mehr so wohlhabend, wie es scheint.

Wieder zu Hause macht Maik einen Riss in das Beyoncé-Porträt, weil ihm nun klar ist, dass er nicht auf Tatjanas Geburtstagsfeier sein wird. Anschließend versucht er, seine Enttäuschung und seinen Frust abzubauen, indem er durch den Wald rennt.

Dann erfährt Maik zwei Dinge, die entscheidende Bedeutung für seine Sommerferien haben: Sein Vater erinnert ihn daran, dass seiner Mutter ein vierwöchiger Aufenthalt in der Entzugsklinik bevorsteht. Er selbst müsse mit seiner Assistentin für zwei Wochen auf Geschäftsreise. Maik glaubt ihm nicht, da er ahnt, dass Mona die Geliebte seines Vaters ist. Herr Klingenberg lässt seinem Sohn zweihundert Euro da. Während sein Vater und Mona zusammen aufbrechen, überlegt Maik, warum sich seine Eltern nicht trennen, kommt aber zu keinem für ihn überzeugenden Ergebnis. Daraufhin fantasiert Maik, dass er ein CIA-Agent und Mona seine heimliche Geliebte ist, sie diese Beziehung aber nicht öffentlich machen können, weil er nach außen hin den Eindruck eines Achtklässlers aufrechterhalten muss. Darüber bricht Maik weinend zusammen.

(14) Später trifft die vietnamesische Putzfrau ein. Maik vereinbart mit ihr, dass sie erst in zwei Wochen wiederkommt, aber trotzdem ihren vollen Lohn erhält.

Kaum ist sie aus dem Haus, rollt Tschick auf einem alten Damenfahrrad an. Er freut sich, Maik anzutreffen, und leiht sich sein Werkzeug. Maik ist der Besuch eher unangenehm und er zieht sich in sein Zimmer zurück. Als er kurz darauf aus dem Fenster schaut, sieht er, wie Tschick im Garten um den Swimmingpool spaziert. Maik geht zu ihm und die beiden unterhalten sich. Danach spielen sie gemeinsam auf der Playstation und kommen dabei auf Tatjanas Party zu sprechen. Tschick ist überrascht, dass auch Maik keine Einladung hat. Dieser behauptet, die Party sei doch eh langweilig. Denn er will nicht zugeben, wie sehr es ihn verletzt, dass Tatjana ihn ignoriert.

Unterrichtsschwerpunkte

- der Romaneinstieg
- Kennenlernen der Hauptfiguren
- Maiks Verhältnis zu den Erwachsenen
- Maiks Stellung in der Schule
- Maiks Familie
- die Beziehung zwischen Maik und Tschick

Zu den Kopiervorlagen

KV Seite 12

Überschriften

Der Roman „Tschick“ besteht aus 49 zum Teil recht kurzen Kapiteln. Um den Überblick über die Handlung zu behalten, denken sich die Schüler während der Lektüre zu jedem gelesenen Kapitel eine aussagekräftige Überschrift aus. Ihre Vorschläge tragen sie auf diesem Arbeitsblatt ein. Die Art der Formulierung bleibt den Jugendlichen überlassen, sowohl Überschriften im Nominalstil als auch Aussage- oder Fragesätze sind möglich.

Lösung

Aufgabe 1:

z. B. 1: Ohnmächtig bei der Autobahnpolizei
2: Im Krankenhaus
3: Die Schwesternschülerin Hanna
4: Die Befragung durch den Krankenhausarzt
5: Maik „Psycho“ Klingenberg stellt sich vor
6: Mutter und die Beautyfarm
7: Der schöne André
8: Air Klingenberg
9: Andrej Tschichatschow, der Neue
10: Tschick betrunken im Unterricht
11: Bert Brecht und der Waffenschieber
12: Keine Einladung zur Geburtstagsparty
13: Sommerferien allein zu Hause
14: Tschick kommt zu Besuch
15: Graf Luckner
16: Rundfahrt im gestohlenen Lada
17: Auf Tatjanas Party
18: Urlaub in der Walachei?
19: Aufbruch zur Reise
20: Auf Landstraßen unterwegs
21: Fahrt durchs Weizenfeld
22: Maik lernt Autofahren
23: Unterm Sternenhimmel
24: „Adel auf dem Radel“
25: Mittagessen bei Friedemann
26: Die Flucht vor dem Dorfpolizisten
27: Maik und Tschick finden sich wieder
28: Kein Benzin mehr
29: Das Zusammentreffen mit Isa
30: Isa singt
31: Ein voller Tank dank Isa
32: Ein Bad im See
33: Maik schneidet Isa die Haare
34: Verabredung in fünfzig Jahren
35: Die Mondlandschaft
36: Die Begegnung mit Horst Fricke
37: Das „Flusspferd“ kommt zur Rettung
38: Mit Tempo 250 ins Krankenhaus
39: Tschick bekommt einen Gips
40: Das Gespräch mit „Tante Mona“
41: Flucht mit dem Lada
42: Durch die Nacht
43: Unfall mit dem Schweinetransporter
44: Tschick haut ab

45: Herr Klingenberg wird gewalttätig
46: Die Gerichtsverhandlung
47: Der Zetteldialog mit Tatjana
48: Befragung durch die Polizisten
49: Ein Brief von Isa und ein Sprung in den Pool

KV Seite 13

Viele offene Fragen ...

Diese Kopiervorlage richtet den Blick auf die Fragen, die im 1. Kapitel aufgeworfen werden, letztlich aber offenbleiben. Durch das Formulieren von Antworten sichern die Schüler nicht nur ihre Textkenntnis, sondern fangen auch an, darüber nachzudenken, was vor der Szene auf der Polizeistation passiert sein könnte. So wird ihre Neugier auf die anschließende Romanhandlung geweckt.

Lösung

1. Warum befindet sich Maik auf der Station der Autobahnpolizei? – Es hat wohl einen Unfall auf der Autobahn gegeben, an dem Maik beteiligt war.
2. Was deutet auf einen Unfall hin? – Die Verletzungen von Maik und Tschick deuten darauf hin. Tschick ist auf einem Bein ins Gebüsch geflüchtet. Maik hat eine blutende Wunde an der Wade.
3. Wer war an diesem Unfall neben Maik noch beteiligt? – An dem Unfall war auch Tschick beteiligt. Es scheint so, als wären Maik und Tschick die Unfallverursacher, denn Maik ist klar, dass sie „Mist gebaut haben" (S. 10).
4. Welche Rolle spielen Maiks Eltern bei dem Unfall? – Die Eltern von Maik spielen keine Rolle, da diese von dem Geschehen wahrscheinlich nichts wissen. Maik muss den Polizisten jedenfalls Fragen nach den Eltern beantworten.
5. Welche Rolle spielt Tatjana Cosic dabei? – Die Rolle von Tatjana Cosic ist unklar. Sie war wohl nicht an dem Unfall beteiligt, da Maik sagt: „Tatjana kommt in der ganzen Geschichte überhaupt nicht vor." (S. 8) Andererseits sagt er auch: „Denn genau genommen wäre ich nicht hier, wenn es Tatjana nicht gäbe." (S. 8) Das lässt vermuten, dass sie den Anstoß zu der Fahrt gegeben hat, die mit dem Unfall endet, selbst aber nichts damit zu tun hat.
6. Wie ist Maiks Verhältnis zu Tatjana Cosic? – Tatjana Cosic ist Maik wichtig, er hält sie für „das schönste Mädchen der Welt" (S. 8).
7. Was hat es mit den Zahlen vierzehn und fünfzehn auf sich? – Am Ende des Kapitels wird deutlich, dass Maik fälschlicherweise davon ausgegangen ist, man sei erst mit fünfzehn Jahren strafmündig. Von den Polizisten erfährt er: Man ist bereits mit vierzehn Jahren strafmündig. Maik macht sich daraufhin in die Hose, was auf sein eigenes Alter und die Angst vor Bestrafung schließen lässt.

KV Seite 14

Wie weckt der Autor unsere Neugier?

Mit diesem Arbeitsblatt gehen die Schüler der Frage nach, wie es Wolfgang Herrndorf gelingt, die Leser von Anfang an so zu fesseln, dass sie den Roman über die ersten Zeilen hinaus weiterlesen. Damit sie das herausfinden können, sind einige Textstellen angeführt, die das Vorgehen des Autors exemplarisch aufzeigen.

Lösung

Zitate aus „Tschick" (Seite 7/8)	Mittel, Interesse zu wecken
1. „Als Erstes ist da der Geruch von Blut und Kaffee."	unvermittelter Einstieg ins Geschehen
2. „... das Blut ist in meinen Schuhen."	Anspielungen, die Spannung erzeugen
3. „... und dann hab ich mir vor Angst in die Hose gepisst."	Ansprechen von Tabu-Themen
4. „Maik Klingenberg, der Held."	Ironie
5. „Dabei weiß ich gar nicht, warum jetzt die Aufregung. War doch die ganze Zeit klar, dass es so endet."	Anspielungen, die Spannung erzeugen
6. „Wo ist Tschick überhaupt?"	ungeklärte Frage nach der Titelfigur
7. „Vielleicht wäre Foltern sogar ganz angenehm ..."	Ironie
8. „Tatjana Cosic zum Beispiel ist mir natürlich nicht egal."	Anspielung auf eine noch unbekannte Figur
9. „Wie wir mit dem Bündel Schläuche auf dem Müllberg stehen wie die letzten Trottel ..."	Anspielungen, die Spannung erzeugen

KV Seite 15

Maik und die Welt der Erwachsenen

In den ersten vier Kapiteln hat Maik Kontakt zu verschiedenen Erwachsenen: den Polizisten der Autobahnwache und dem Personal des Krankenhauses. Die Ausschnitte aus dem Roman zeigen, dass die meisten Erwachsenen sich nicht wirklich für Maik interessieren, auf ihn aber auch nicht ernst zu nehmend wirken. Bei

Hanna, die altersmäßig eine Zwischenstellung einnimmt, ist das anders: Ihr ist an einem persönlichen Kontakt zu Maik gelegen, was die unterschiedlichen Kosenamen zeigen, die sie sich für ihn einfallen lässt. Auch Maik ist an ihr interessiert.

Im 4. Kapitel ändert sich Maiks Verhältnis zu einem der Ärzte durch das vertrauliche Gespräch, das die beiden miteinander führen. Hier wird deutlich, dass sich der Arzt durchaus für den Jugendlichen interessiert und ihn ernst nimmt.

Lösung

Aufgabe 2:

linke Spalte (die Polizisten / die Ärzte): a), b), d), e), h)
rechte Spalte (die Schwesternschülerin Hanna / Maiks Arzt im 4. Kapitel): c), f), g), i), j)

Aufgabe 3:

Die meisten Erwachsenen interessieren sich nicht wirklich für Maik. Sie scheinen ihn nicht ernst zu nehmen. Maik versteht die Erwachsenen nicht. Von Hanna und dem Arzt im 4. Kapitel fühlt er sich ernst genommen.

KV Seite 16

Spitznamen – Kosenamen

Mithilfe von zwei kurzen Definitionen wird zunächst geklärt, wodurch sich Spitznamen und Kosenamen unterscheiden. In Einzel- oder Partnerarbeit setzen sich die Schüler anschließend damit auseinander, wie Maik zu seinem Spitznamen „Psycho“ gekommen ist. Dafür schreiben sie einen inneren Monolog aus der Sicht eines Mitschülers, was den Blickwinkel erweitert.

Lösung

Aufgabe 2:

„Psycho“ ist ein Spitzname, weil sich seine Mitschüler damit über Maik lustig machen.

Aufgabe 3:

Die Schwesternschülerin Hanna hat sich immer wieder neue Kosenamen („Maiki“, „Maikipaiki“, „der kranke Hase“) ausgedacht, wenn sie in Maiks Krankenzimmer gekommen ist. Scherzhaft hat sie ihm aber auch den Spitznamen „Schweinemörder“ gegeben.

Aufgabe 4:

z. B. In der sechsten Klasse hieß er dann bloß noch „Psycho“. Das war, weil er einen seltsamen Aufsatz geschrieben hat. Er hat es selbst aber gar nicht gemerkt, wie schräg das war. Darin hat er von seiner Mutter erzählt, die Alkoholikerin ist. Sie machte eine Therapie, bei der sie ihre Wünsche auf Zettel schreiben und in einen Karton stecken musste. Und der Karton hieß „Karl-Heinz“. Wie komisch ist das denn? Aber das hat er alles vorgelesen und wir haben uns fast totgelacht. Ja, dann hieß er eben Psycho.

KV Seite 17

Maiks Familie

Um den Ich-Erzähler besser kennenzulernen, lohnt sich nach der Lektüre des 13. Kapitels eine genaue Betrachtung der Familie Klingenberg. Der Vater, Josef Klingenberg, der an materiellen Werten orientiert ist, hält seine Familie für eine Vorzeigefamilie (vgl. seine Äußerung im 45. Kapitel, S. 229 f.: „Das hat er [der Typ von der Jugendgerichtshilfe] ja auch gleich gesagt, dass das hier ein Elternhaus ist mit den besten Möglichkeiten …“). Tatsächlich steht es um den Zustand der Familie schon zu Beginn des Romans schlecht: Die Mutter muss in die Entzugsklinik, der Vater fährt mit seiner Assistentin und Geliebten in den Urlaub und Maik bleibt – abgespeist mit zweihundert Euro – allein zu Hause.

Wovon wird das Familienleben der Klingenbergs bestimmt? Dieser Frage soll mithilfe des Arbeitsblatts nachgegangen werden. Das Wortgitter ermöglicht eine motivierende und spielerische Annäherung an das Thema. Abschließend sind die Schüler aufgefordert, tiefer einzusteigen und ihre Überlegungen am Lektüretext zu belegen.

Lösung

Aufgabe 1:

F	Z	B	L	Ü	G	E	N	A	V	F	U	G	T	A	H
A	I	Z	I	C	K	I	R	G	U	T	R	Z	J	B	I
I	P	L	E	M	N	N	A	G	B	X	C	U	W	C	L
R	V	E	B	P	A	S	A	R	A	S	E	V	U	D	F
N	D	G	L	H	M	A	N	E	O	K	R	E	I	E	S
E	E	G	O	I	S	M	U	S	A	Z	B	R	Y	F	B
S	S	W	S	V	E	K	F	S	G	L	T	L	H	G	E
S	I	J	I	N	K	E	P	I	O	A	M	Ä	N	H	R
A	N	B	G	C	T	I	W	O	V	E	E	S	U	I	E
T	T	T	K	C	H	T	L	N	S	M	H	S	R	J	I
Q	E	J	E	P	K	O	N	L	N	P	A	I	O	K	T
N	R	C	I	N	D	H	E	I	R	A	F	G	G	L	S
V	E	R	T	R	A	U	E	N	E	T	L	K	Y	M	C
Z	S	L	X	K	W	M	J	V	I	H	U	E	H	R	H
R	S	O	D	E	J	O	N	E	I	I	O	I	G	S	A
K	E	L	O	M	N	R	E	S	P	E	K	T	W	C	F
A	V	E	M	P	A	N	A	U	A	S	E	A	U	D	T
T	G	E	M	E	I	N	S	C	H	A	F	T	I	E	Q
J	P	G	K	O	L	N	M	H	A	Z	B	A	Y	F	C
X	D	W	V	E	R	A	N	T	W	O	R	T	U	N	G

Aufgabe 2:

Aggression: Sein Vater brüllt Maik an und schubst ihn die Treppe hoch. (13. Kapitel)

Desinteresse: Sein Vater stellt Maik keine Fragen, weder zu seinem Befinden noch zu seinem letzten Schultag oder seinem Zeugnis. (13. Kapitel)

Egoismus: Maiks Vater fährt mit seiner Assistentin und Geliebten in den Urlaub und lässt seinen vierzehnjährigen Sohn allein zu Hause zurück. (13. Kapitel)

Einsamkeit: Maiks Eltern sind oft nicht zu Hause. Am letzten Schultag findet er nur einen Zettel auf dem Tisch, der auf Essen im Kühlschrank verweist. (13. Kapitel)

Humor: Maik mag seine Mutter und findet sie (anders als andere Mütter) sehr witzig. Sie bezeichnet z.B. die Entzugsklinik scherzhaft als „Beautyfarm". (6. Kapitel)

Lieblosigkeit: Sein Vater unterhält sich in einem ruppigen Tonfall mit Maik und verabschiedet sich nicht von ihm. (13. Kapitel)

Lügen: Maiks Vater behauptet, mit seiner Assistentin eine Geschäftsreise antreten zu müssen. In Wahrheit hat er aber eine Affäre mit ihr. (13. Kapitel)

Sucht: Maiks Mutter ist alkoholkrank und hält sich immer wieder in einer Entzugsklink auf. (6. Kapitel)

KV Seite 18

Was weißt du über Tschick?

Hier steht die titelgebende Hauptfigur im Mittelpunkt. Die Schüler tragen ihr bisheriges Wissen über Tschick in einem Schaubild zusammen und machen sich im Anschluss Gedanken über Tschicks Namen und die Hintergründe des Buchtitels. Die Aufgaben können einzeln oder mit einem Partner bearbeitet werden.

Lösung

Aufgabe 1:

Herkunft: Russland, seit vier Jahren in Deutschland, gehört einer deutschstämmigen Familie an, Muttersprache ist Russisch Familienverhältnisse: lebt mit seinem Bruder zusammen, Wohnverhältnisse sind unklar, Familiensituation ist unklar

Charaktereigenschaften: wortkarg, klug (hat Deutsch erst in Deutschland gelernt, schafft es in vier Jahren von der Förderschule aufs Gymnasium, schreibt nüchtern gute Noten in Mathematik), originelle Gedanken (Interpretation der Keuner-Geschichte), einzelgängerisch (freundet sich mit niemandem an), selbstbewusst und skrupellos (wehrt sich gegen Oberstufenschüler)

Soziale Stellung: trägt billige Kleidung, hat eine Plastiktüte statt einer Schultasche, kommt öfter betrunken in den Unterricht, wird als „Asi" wahrgenommen

Aufgabe 2:

Lehrer Wagenbach kann den Nachnamen „Tschichatschow" nicht aussprechen. Die Mitschüler machen es sich leichter und wählen die Kurzform „Tschick".

Aufgabe 3:

Eigentlich steht der Ich-Erzähler Maik Klingenberg im Zentrum des Romans. Tschick scheint aber im Laufe der Handlung noch wichtig zu werden, was neben dem Buchtitel auch durch die sich anbahnende Freundschaft zwischen den Jungen im 14. Kapitel und die Anspielungen im 1. Kapitel deutlich wird.

KV Seite 19

Maik und Tschick

Diese Kopiervorlage beleuchtet das Verhältnis zwischen Maik und Tschick, das sich von anfänglicher Ablehnung hin zu Interesse am anderen (und später zu einer Freundschaft) entwickelt. Mit den fiktiven Tagebucheinträgen, geschrieben aus der Perspektive von Maik, sichern die Schüler zudem ihr Textverständnis.

Lösung

Aufgabe 1:

1. „Was ist denn das für ein Typ? (...)" – Tschick kommt neu in die Klasse.
2. „Dieser Russe ist schon ein komischer Vogel (...)" – Lehrer Wagenbach stellt Tschick vor.
3. „Heute hat er es den Typen aus der Oberstufe aber gegeben. (...)" – Die Oberstufenschüler machen sich über Tschick lustig und der wehrt sich erfolgreich.
4. „So ein Scheißtag! (...)" – Maik hat am letzten Schultag keine Einladung zu Tatjanas Geburtstagsparty bekommen. Auf dem Heimweg spricht Tschick Maik an.
5. „Jetzt ist Tschick auch noch bei mir zu Hause aufgekreuzt. (...)" – Tschick fährt mit dem Fahrrad bei Maik vorbei, leiht sich dessen Werkzeug aus und die beiden spielen gemeinsam auf der Playstation.

Aufgabe 2:

Als Tschick nach den Osterferien neu in die Klasse kommt, lehnt Maik ihn aufgrund seines äußeren Erscheinungsbilds zunächst ab: Tschick trägt ein schmutziges weißes Hemd, an dem ein Knopf fehlt, seine Jeans macht einen billigen Eindruck und er riecht stark nach Alkohol. Insgesamt wirkt er auf Maik wie ein „Asi".

In den folgenden Wochen fällt Maik auf, dass Tschick nicht dumm ist. Dafür sprechen sein schneller Wechsel von der Förderschule über Haupt- und Realschule aufs Gymnasium, seine teilweise guten Noten in Mathe und seine originelle Interpretation der Keuner-Geschichte.

Die beiden Jungen nähern sich einander an, als Tschick am letzten Schultag Maik auf seine Jacke anspricht und sie später bei Maik zu Hause auf der Playstation spielen und sich unterhalten.

Gesprächs- und Schreibanlässe

Tschick – ein Asi?

Tschick macht durch sein äußeres Erscheinungsbild und sein häufiges Betrunkensein einen verwahrlosten Eindruck. Er spricht aber nicht über seine Situation. Notiere Tschicks unausgesprochene Gedanken: Wie fühlt er sich in der neuen Klasse? Warum kommt er betrunken in den Unterricht? Ist es ihm nicht wichtig, welche Kleidung er trägt?

Wie entstehen Freundschaften?

Maik und Tschick sind in ihrer Klasse Außenseiter und finden zu Beginn der Sommerferien zueinander. Wie entstehen Freundschaften? Diskutiert diese Frage im Plenum oder in Kleingruppen. Ihr könnt dazu von eigenen Erfahrungen erzählen oder auf Beispiele aus Büchern und Filmen verweisen.

Tagebucheintrag

Die beiden Jungen spielen GTA (Grand Theft Auto, übersetzt etwa „schwerer Autodiebstahl"), Tschick verlässt Maiks Haus erst gegen Mitternacht. Was geht den beiden danach durch den Kopf? Wie bewerten sie ihr gemeinsames Spielen? Halte ihre Gedanken in Form eines Tagebucheintrags fest. Wähle zwischen der Perspektive von Maik und Tschick. Besprecht eure Tagebucheinträge in der Klasse oder mit einem Partner.

Kreativ aktiv

Recherche zum Autor Wolfgang Herrndorf

Was kannst du über den Autor von „Tschick" in Erfahrung bringen? Wie alt war er, als er den Roman geschrieben hat? Hat er vielleicht selbst etwas Ähnliches wie die Figuren in seinem Buch erlebt? Informiere dich im Internet über Wolfgang Herrndorf, sein Leben und seine Bücher. Erstelle einen Lebenslauf, am besten auf einem Karton der Größe DIN A3. Präsentiere das Plakat deinen Mitschülern. Wählt am Ende zwei oder drei Lebensläufe aus, die euch besonders gut gelungen erscheinen, und hängt sie im Klassenzimmer auf.

Eine Collage gestalten

Fertige eine Collage an zum Thema „Meine nächsten Sommerferien – wie ich sie mir wünsche". Schneide dazu z. B. Bilder aus Reiseprospekten aus und klebe sie auf. Du kannst auch eigene Zeichnungen und Texte oder Bilder aus dem Internet verwenden. Präsentiere die Collage in der Klasse.

Überschriften

In „Tschick“ gibt es 49 Kapitel. Alle sind nummeriert, aber keines trägt eine Überschrift.

1. Finde im Laufe deiner Lektüre eine jeweils zum Kapitel passende Überschrift und trage sie in die Tabelle ein.

Kapitel	Deine Überschrift	Kapitel	Deine Überschrift
1		26	
2		27	
3		28	
4		29	
5		30	
6		31	
7		32	
8		33	
9		34	
10		35	
11		36	
12		37	
13		38	
14		39	
15		40	
16		41	
17		42	
18		43	
19		44	
20		45	
21		46	
22		47	
23		48	
24		49	
25			

2. Vergleicht eure Überschriften miteinander.

Viele offene Fragen ...

Nach dem Lesen des 1. Kapitels hast du schon einen ersten Eindruck vom Roman bekommen. Doch es sind noch viele Fragen offen.

Beantworte diese Fragen, soweit es dir mit der Kenntnis des Eingangskapitels möglich ist. Schreibe die Antworten in dein Heft.

1. Warum befindet sich Maik auf der Station der Autobahnpolizei?

2. Was deutet auf einen Unfall hin?

3. Wer war an diesem Unfall neben Maik noch beteiligt?

4. Welche Rolle spielen Maiks Eltern bei dem Unfall?

5. Welche Rolle spielt Tatjana Cosic dabei?

6. Wie ist Maiks Verhältnis zu Tatjana Cosic?

7. Was hat es mit den Zahlen vierzehn und fünfzehn auf sich?

Wie weckt der Autor unsere Neugier?

Welche Methoden verwendet Wolfgang Herrndorf im 1. Kapitel, um das Interesse des Lesers zu wecken? Ordne die Mittel aus dem Wortspeicher passend den Zitaten zu.

Anspielungen, die Spannung erzeugen (3 x)	Ansprechen von Tabu-Themen	unvermittelter Einstieg ins Geschehen
Ironie (2 x)	ungeklärte Frage nach der Titelfigur	Anspielung auf eine noch unbekannte Figur

Zitate aus „Tschick" (Seite 7/8)	Mittel, Interesse zu wecken
1. „Als Erstes ist da der Geruch von Blut und Kaffee."	
2. „... das Blut ist in meinen Schuhen."	
3. „... und dann hab ich mir vor Angst in die Hose gepisst."	
4. „Maik Klingenberg, der Held."	
5. „Dabei weiß ich gar nicht, warum jetzt die Aufregung. War doch die ganze Zeit klar, dass es so endet."	
6. „Wo ist Tschick überhaupt?"	
7. „Vielleicht wäre Foltern sogar ganz angenehm ..."	
8. „Tatjana Cosic zum Beispiel ist mir natürlich nicht egal."	
9. „Wie wir mit dem Bündel Schläuche auf dem Müllberg stehen wie die letzten Trottel ..."	

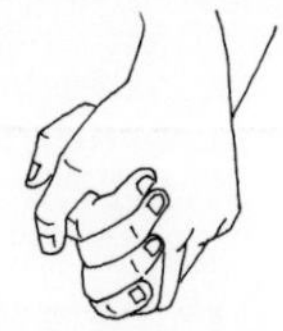

Maik und die Welt der Erwachsenen

1. Lege im Heft eine zweispaltige Tabelle an und trage folgende Überschriften ein: links „die Polizisten / die Ärzte“, rechts „die Schwesternschülerin Hanna / Maiks Arzt im 4. Kapitel“.

2. Schneide die Textstellen aus, ordne sie der passenden Spalte zu und klebe sie auf.

3. Formuliere ein Fazit, indem du folgende Sätze ergänzt.

Die meisten Erwachsenen interessieren sich __________ wirklich für Maik. Sie scheinen ihn nicht ______________________________. Maik versteht die Erwachsenen __________. Von Hanna und dem Arzt im 4. Kapitel fühlt er sich ______________________________.

✂

a) Was ist das denn für eine Frage? Halten die mich für meschugge? Ich schaue den Arzt an, und er schaut mich an, und dann beugt er sich über mich und leuchtet mir mit einer Taschenlampe in die Augen. Ist das ein Verhör? Soll ich meinen Namen gestehen oder was? Ist das hier das Folterkrankenhaus? (Seite 13)	b) Der Jüngere, der eigentlich ganz nett aussieht, schüttelt den Kopf und wiederholt: „Fünfzehn ist Quatsch. Vierzehn. Mit vierzehn bist du strafmündig.“ (Seite 10)
c) Meine Lieblingskrankenschwester kommt aus dem Libanon und heißt Hanna. Hanna hat kurzes schwarzes Haar und trägt normale Unterwäsche. (Seite 15)	d) ... der ältere Polizist steht seit fünf Minuten an der Kaffeemaschine dahinten und füllt Wasser ein und kippt es wieder aus, drückt auf den Schalter und schaut das Gerät von unten an, während jeder Depp sehen kann, dass der Stecker vom Verlängerungskabel nicht drin ist ... (Seite 8)
e) Der Arzt macht den Mund auf und zu wie ein Karpfen. (Seite 12)	f) ... wenn sie in mein Zimmer kommt, streckt sie immer zuerst den Kopf um die Ecke und klopft dann mit zwei Fingern an den Türrahmen, das finde ich sehr, sehr höflich ... (Seite 16)
g) „Ich find’s nicht albern, ich hab’s nur nicht verstanden. Wohin?“ „In die Walachei.“ „Wo soll das sein?“ Er sieht mich interessiert an, und ich spüre, dass ich rot werde. Wir vertiefen das dann nicht weiter. Zum Schluss geben wir uns noch die Hand wie erwachsene Menschen, und ich bin irgendwie froh, dass ich seine Schweigepflicht nicht überstrapazieren musste. (Seite 20)	h) Weil, dem Polizisten gefällt das nämlich nicht, wie er da von dem Arzt angeschrien wird, und er schreit zurück, aber da schreit dann der Arzt noch lauter ... (Seite 12)
i) ... und sie denkt sich jeden Tag einen neuen Namen für mich aus. Erst hieß ich Maik, dann Maiki, dann Maikipaiki ... (Seite 16)	j) Manchmal kommt sie auch einfach so und setzt sich an mein Bett, weil ich ja sonst praktisch keinen Besuch kriege, und es sind richtig gute Unterhaltungen, die wir da führen. Richtige Erwachsenenunterhaltungen. (Seite 16)

Spitznamen – Kosenamen

1. Lies die folgenden Definitionen.

Im Begriff „Spitzname“ steckt das Adjektiv „spitz“, was so viel wie „stichelnd“ oder (vor allem in früheren Zeiten) auch „verletzend“ bedeutet. Ein Spitzname ist ein Name, der einer Person aus Scherz oder Spott aufgrund bestimmter Eigenarten, zum Beispiel besonderer körperlicher Merkmale, gegeben wird.

Mit einem Kosenamen sprechen sich meist Personen an, die in einer engen Beziehung zueinander stehen (z. B. Eltern und Kind, Menschen in einer Paarbeziehung). Häufig sind Kosenamen dem Tierreich entlehnt („Maus“, „Spatz“, „Bärchen“).

In der sechsten Klasse wurde Maik von seinen Mitschülern „Psycho“ genannt.

2. Erkläre, ob es sich dabei um einen Spitznamen oder um einen Kosenamen handelt.

3. Schreibe auf, von wem und in welchen Situationen Maik Kosenamen bekommen hat.

4. Schreibe einen inneren Monolog aus der Sicht eines Mitschülers oder einer Mitschülerin von Maik in dein Heft. Erkläre darin, warum die Klasse den Spitznamen „Psycho“ ausgesucht hat.

Tipp: In einem inneren Monolog spricht eine Person zu sich selbst. Der innere Monolog wird in der Ich-Form verfasst. Er kann so beginnen:

In der sechsten Klasse hieß er dann bloß noch „Psycho“. Das war, weil ...

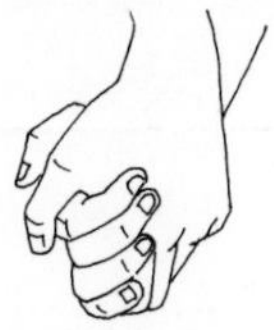

Maiks Familie

1. Markiere in dem Wortgitter acht Begriffe, die auf Maiks Familie zutreffen.

F	Z	B	L	Ü	G	E	N	A	V	F	U	G	T	A	H
A	I	Z	I	C	K	I	R	G	U	T	R	Z	J	B	I
I	P	L	E	M	N	N	A	G	B	X	C	U	W	C	L
R	V	E	B	P	A	S	A	R	A	S	E	V	U	D	F
N	D	G	L	H	M	A	N	E	O	K	R	E	I	E	S
E	E	G	O	I	S	M	U	S	A	Z	B	R	Y	F	B
S	S	W	S	V	E	K	F	S	G	L	T	L	H	G	E
S	I	J	I	N	K	E	P	I	O	A	M	Ä	N	H	R
A	N	B	G	C	T	I	W	O	V	E	E	S	U	I	E
T	T	T	K	C	H	T	L	N	S	M	H	S	R	J	I
Q	E	J	E	P	K	O	N	L	N	P	A	I	O	K	T
N	R	C	I	N	D	H	E	I	R	A	F	G	G	L	S
V	E	R	T	R	A	U	E	N	E	T	L	K	Y	M	C
Z	S	L	X	K	W	M	J	V	I	H	U	E	H	R	H
R	S	O	D	E	J	O	N	E	I	I	O	I	G	S	A
K	E	L	O	M	N	R	E	S	P	E	K	T	W	C	F
A	V	E	M	P	A	N	A	U	A	S	E	A	U	D	T
T	G	E	M	E	I	N	S	C	H	A	F	T	I	E	Q
J	P	G	K	O	L	N	M	H	A	Z	B	A	Y	F	C
X	D	W	V	E	R	A	N	T	W	O	R	T	U	N	G

2. Wähle zwei Begriffe aus und erkläre ihre Bedeutung für Maiks Familie aus dem Textzusammenhang. Schreibe auf.

Was weißt du über Tschick?

1. Ergänze das Schaubild. Lies dafür im 9. bis 12. Kapitel und im 14. Kapitel nach.

Herkunft:

Familienverhältnisse:

Charaktereigenschaften:

Soziale Stellung:

2. Wie kommt „Tschick“ zu seinem Spitznamen? Schreibe auf, was du meinst.

3. Stelle Vermutungen an, warum der Roman nach „Tschick“ benannt ist.

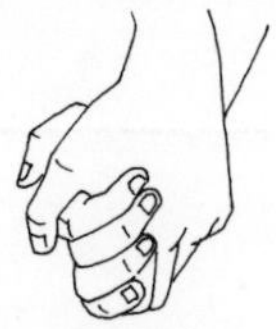

Maik und Tschick

1. Lies die Tagebucheinträge von Maik, die sich auf das 9. bis 14. Kapitel beziehen. Nummeriere sie in der richtigen Reihenfolge. Gib dann in ein paar Stichpunkten an, was der Anlass für den jeweiligen Tagebucheintrag ist.

So ein Scheißtag! Keine Einladung zur Party von Tatjana! Dafür ist mir Tschick auf die Pelle gerückt. Der quatscht mich plötzlich wegen meiner Jacke an. Fünf Euro hat die gekostet und er tut rum, als wäre das Wunder was. Wollte wahrscheinlich nur nicht allein nach Hause gehen und hat deshalb mich angequatscht. Eigentlich ist er ja gar nicht so verkehrt. ☐

☐ Dieser Russe ist schon ein komischer Vogel – geht auf die Förderschule und dann nach vier Jahren aufs Gymnasium. Aber vielleicht ist er ja gar nicht so dumm. Als Aussiedler musste er halt erst Deutsch lernen.

Jetzt ist Tschick auch noch bei mir zu Hause aufgekreuzt. Das fehlte mir heute noch! Aber eigentlich kann man sich ganz gut mit ihm unterhalten. Wir haben dann den ganzen Abend GTA gespielt. War auf jeden Fall besser, als allein zu sein. ☐

☐ Was ist denn das für ein Typ? Wie der schon daherkommt, richtig asimäßig. Trägt eine billige Jeans und am Hemd fehlt ein Knopf. Und wie überheblich er tut. Der traut sich was! Ich hätte mich bei Wagenbach nie so benommen.

Heute hat er es den Typen aus der Oberstufe aber gegeben. Der eine war ganz fertig. Möchte wissen, was Tschick dem angedroht hat. Vielleicht stammt er ja doch aus einer Russenmafia-Familie? Eigentlich kann ich mir das nicht vorstellen. Nein, das ist Quark. Aber irgendwie hat er es geschafft, den Ford-Typen zu beeindrucken. ☐

① ______________________________

② ______________________________

③ ______________________________

④ ______________________________

⑤ ______________________________

2. Wie entwickelt sich das Verhältnis der beiden Jungen zueinander? Beantworte die Frage in deinem Heft und greife dabei auf deine Ergebnisse aus Aufgabe 1 zurück.

15. bis 25. Kapitel: Die Reise ins Ungewisse beginnt

Inhalt

(15) Am ersten Ferientag hat sich Maiks Stimmung gebessert. Ihm wird klar, dass er in Abwesenheit der Eltern tun kann, was er will. So dreht er die Musikanlage im Wohnzimmer auf, macht es sich mit Chips am Pool gemütlich und liest in seinem Lieblingsbuch „Graf Luckner". Darin wird erzählt, wie ein Fünfzehnjähriger im Ersten Weltkrieg *„gentlemanlike"* (S. 79) englische Schiffe versenkt, dabei aber die Passagiere rettet.

Als er den Rasen vorm Haus sprengt, schlüpft Maik in die Rolle von „Graf Koks von der Gasanstalt", der seine Ländereien wässert. Kurz darauf biegt Tschick mit einem hellblauen Lada Niva, einem russischen Geländewagen, in die Einfahrt.

(16) Maik ist entsetzt, weil Tschick das ramponierte Auto gestohlen hat und selbst am Steuer sitzt. Der behauptet jedoch, er habe sich den Wagen nur „geliehen". Maik lehnt das Angebot ab, eine kleine Spritztour zu unternehmen. Tschick fährt aber einfach los und Maik, der auf dem Beifahrersitz Platz genommen hat, bleibt sitzen. Auf die Frage, ob er gut Auto fahre, antwortet Maik ironisch: „Ganz toll, Liebling" (S. 84) – ein Satz, den seine Mutter oft benutzt. Tschick fragt daraufhin, ob Maik schwul sei. Er äußert die Vermutung, Maik interessiere sich nicht für Mädchen, was sein Umgang mit Tatjana beweise. Um die Angelegenheit zu klären, zeigt Maik ihm seine Zeichnung von Beyoncé, als sie wieder zu Hause sind. Tschick sieht den Riss, der inzwischen überklebt ist, und ahnt das Gefühlschaos, in dem sich Maik befindet. Der hingegen erkennt, dass Tschick „gar nicht so doof" (S. 88) ist.

(17) Tschick überredet Maik, Tatjana auf ihrer Geburtstagsfeier aufzusuchen und ihr das Beyoncé-Porträt zu überreichen. Maik protestiert heftig gegen dieses Vorhaben, fährt aber doch mit nach Werder, wo Tatjana und André vor dem Haus auf dem Gehsteig miteinander reden. Tschick hält den Lada an, Maik steigt aus und übergibt mit wenigen Worten der völlig überraschten Tatjana sein Geschenk. Tschick legt mit dem Lada eine spektakuläre 180-Grad-Drehung hin und die beiden rauschen wieder davon. Maik ist erleichtert, dass er die peinliche Situation hinter sich hat.

(18) Wieder zu Hause bei Maik spielen sie das Ego-Shooter-Spiel Doom. Da Tschick ständig verliert, wird es bald langweilig. Tschick macht den Vorschlag, mit dem Lada zu seiner Verwandtschaft in die Walachei zu fahren. Es entsteht ein Wortwechsel, weil Maik „Walachei" nur in der Bedeutung von „irgendwo da draußen", „Dingenskirchen" und „Jottwehdeh" (S. 97), aber nicht als Teil Rumäniens kennt.

Sobald er am Abend wieder allein ist, denkt Maik mit Unbehagen an Tatjana und fragt sich, was sie jetzt wohl von ihm hält. Um sich abzulenken, liest er nach, was bei Wikipedia über die Walachei steht.

(19) In der Nacht auf Sonntag kommt Tschick um vier Uhr bei Maik vorbei. Gemeinsam begeben sie sich zu dem Lada, den Tschick nach der Fahrt zu Tatjana am Ursprungsort abgestellt hat. Nun stehlen sie das Fahrzeug ein zweites Mal. Bei Maik gibt es Meinungsverschiedenheiten darüber, was sie auf die Fahrt in die Walachei mitnehmen wollen. Der Lada wird ein- und wieder ausgeladen, bis sich die beiden geeinigt haben. Handys lassen sie zurück, um nicht geortet werden zu können.

(20) Die Jungen fahren aus Berlin raus in Richtung Süden. Da Tschick, der am Steuer sitzt, keine Erfahrung mit Autobahnfahrten hat und sie Aufmerksamkeit erregen, beschließen die zwei, nur noch kleine Straßen und Feldwege zu nutzen. Außerdem versuchen sie, Tschick durch eine Sonnenbrille und einen schwarzen Klebestreifen als Bart älter aussehen zu lassen. Weil sie bis auf einen Stadtplan von Berlin keine Straßenkarte dabeihaben und sich wegen Gewitterwolken auch nicht am Stand der Sonne orientieren können, fällt ihnen die Orientierung schwer. Die beiden nehmen erfolglos einen Kompass aus einem Kaugummiautomaten zu Hilfe, werfen an Kreuzungen Münzen, um eine Entscheidung über die weitere Route herbeizuführen, wollen dann nur Orte anfahren, die mit M oder T beginnen oder deren Entfernung mit einer Primzahl angegeben wird. Völlig orientierungslos biegen sie schließlich an einer Gabelung auf einen sandigen Weg ein und begegnen eine Stunde lang keinem anderen Auto mehr.

(21) Wind kommt auf und der Weg endet plötzlich mitten in einem Weizenfeld. Da Tschick nicht umkehren will, fährt er einfach geradeaus und durchpflügt das Feld bis ans andere Ende. Als die Jungen anhalten und ein Picknick aufbauen, zieht sich der Himmel zu. Tschick erinnert der Anblick der dunklen Wolkenwand an den Science-Fiction-Film „Independence Day". Kurz darauf beginnt es heftig zu regnen. Die Landschaft um sie herum verwandelt sich in einen Sumpf und die Jungen können nicht weiterfahren. Auch die Nacht verbringen sie am Feldrand, auf den Autositzen schlafend.

(22) Als Maik am nächsten Morgen einen Bauern auf seinem Traktor sieht, weckt er Tschick und sie verlassen

fluchtartig ihren Übernachtungsplatz über das Weizenfeld. Auf einer abgelegenen Wiese versucht Tschick, Maik das Autofahren beizubringen. Maik übt stundenlang, während Tschick sich auf der Luftmatratze sonnt. Wie ein Fahrzeug ohne Schlüssel angelassen werden kann, bleibt für Maik trotz Tschicks Erklärungen, die oberflächlich und nur auf den Lada bezogen sind, ein Rätsel.

(23) Auf der Weiterfahrt halten Maik und Tschick an einer Bäckerei an, um Kaffee zu trinken. Dort treffen sie auf ihren Mitschüler Lutz Heckel und dessen Familie. Sie erzählen, dass sie eine Fahrradtour machen, worauf Lutz' Vater ihnen belegte Brötchen spendiert. Angesichts der vielen Rentner, die aus Reisebussen steigen und sich im Ort umsehen, sinniert Maik über das Altwerden. Tschick hat inzwischen zwei Polizisten entdeckt, die die Nummernschilder der geparkten Autos überprüfen. Die beiden Jungen machen sich schnell davon, stehlen an einem Wanderparkplatz Autokennzeichen, die sie an den Lada schrauben, und fahren zu einer kleinen Aussichtsplattform. In der Nähe warten sie ab, bis es Nacht ist. Auf dem Rücken liegend betrachten sie den Sternenhimmel, wobei sie über die unendlichen Weiten des Universums und mögliche andere Lebensformen spekulieren.

(24) Am nächsten Morgen kommen einige gut gekleidete Jugendliche auf Fahrrädern zu der Aussichtsplattform. Maik und Tschick können die Gruppe nicht richtig einschätzen. Auf Nachfrage stellt sich ihnen ein Mädchen als „Adel auf dem Radel" vor. Tschick erwidert, sie seien „Automobilisten". Später überholen Maik und Tschick die Gruppe mit dem Lada. Sie fühlen sich wieder sicher und denken sich Decknamen aus.

(25) Maik und Tschick haben inzwischen nichts mehr zu essen. Ein paar Kilometer weiter sehen sie einen Lebensmitteldiscounter, wo sie einkaufen wollen. Nachdem sie auf einem abgelegenen Parkplatz gehalten haben, können sie den Supermarkt nicht mehr finden. Als ein etwa zwölfjähriger Junge auf einem Holzfahrrad auftaucht, fragen sie ihn nach dem Weg. Statt ihnen zu antworten, gibt der Junge Auskunft, dass seine Familie nicht im Supermarkt einkauft, und stellt Rückfragen. Kurz darauf ruft die Mutter den Jungen nach Hause und lädt Maik und Tschick ein, mit ihnen zu Mittag zu essen. Im Anschluss daran werden die beiden Zeugen, wie die fünf Kinder um die ungleich großen Schüsseln mit Nachspeise konkurrieren. Wer die Quizfragen der Mutter am schnellsten beantworten kann, darf sich ein Schälchen aussuchen.

Maik und Tschick verlieren den Wettbewerb und erhalten die kleinsten Portionen. Bevor sie sich verabschieden, fragt Tschick, wie man mithilfe einer Uhr die Himmelsrichtung bestimmt. Friedemann, der Junge mit dem Holzfahrrad, weiß die Antwort.

Unterrichtsschwerpunkte

- intertextuelle Bezüge (Graf Luckner)
- sich in die Figuren hineinversetzen (Standbilder, Tagebucheintrag)
- die Reisevorbereitung (eine Packliste schreiben)
- das Reiseziel: die Walachei (Entfernung recherchieren und Reisedauer einschätzen)
- Familienkonstellationen in der Lektüre untersuchen und bewerten

Zu den Kopiervorlagen

KV Seite 25

Wer war Graf Luckner?

Verweise auf andere Texte erfolgen in der Literatur nur selten zufällig. Meist bieten sie einen Interpretationsansatz, so auch hier. Maik bezeichnet im 15. Kapitel „Graf Luckner" als sein Lieblingsbuch. Gemeint ist damit die Autobiografie „Seeteufel" von Felix Graf von Luckner, der darin mit der Hilfe von Ghostwritern abenteuerliche Episoden aus seinem Leben ausgeschmückt hat. Das Buch wurde ein Bestseller und über Jahrzehnte von Erwachsenen und Jugendlichen aus aller Welt gelesen.

Maik erzählt begeistert von den Abenteuern, die Graf Luckner erlebt. Auf diesem Arbeitsblatt beschäftigen sich die Schüler näher mit dieser historischen Persönlichkeit und erkennen dadurch, warum Graf Luckner für Maik eine so faszinierende Projektionsfigur darstellt.

Lösung

Aufgabe 2:

X	Z	H	B	R	A	Q	Y	H
J	V	E	T	R	F	B	M	E
M	Y	L	Y	M	R	Ü	W	R
U	E	D	E	Q	E	F	E	I
E	L	C	B	Q	M	F	L	G
L	Ö	W	E	E	D	E	T	M
A	B	E	N	T	E	U	E	R
O	C	D	E	U	K	Y	R	E
D	R	E	I	Z	E	H	N	V

Aufgabe 3:

Der Roman „Seeteufel" von Graf Luckner fasziniert Maik, weil er sich mit der Hauptfigur identifizieren kann. Die beiden sind fast gleich alt: Graf Luckner ist dreizehn Jahre alt, als er von zu Hause wegläuft, Maik ist zur Zeit der Romanhandlung vierzehn Jahre alt. Eine weitere Gemeinsamkeit ist, dass beide ohne Eltern auskommen müssen: Graf Luckner, weil er sein Leben eigenständig führen will, Maik, weil seine Mutter in den Sommerferien in die Entzugsklinik geht und der Vater mit seiner Geliebten in den Urlaub fährt. Für Maik ist Graf Luckner ein Held. Er sehnt sich danach, wie dieser seinem langweiligen Alltag zu entfliehen, in die Fremde zu ziehen und dort Abenteuer zu bestehen.

KV Seite 26

Ein angerissenes Porträt

Maik und Tschick kennen sich bislang nur oberflächlich: aus der Schule und vom gemeinsamen Computerspielen. Als sie im 16. Kapitel zusammen Maiks Porträt von Beyoncé betrachten, tritt ein Wendepunkt in ihrer Beziehung ein: Sie erhalten Einblick in das Innenleben des jeweils anderen.

Im Partnergespräch erarbeiten die Schüler, was den beiden Protagonisten in diesem Moment durch den Kopf gehen könnte. Dadurch machen sie sich die besondere Bedeutung der Szene bewusst.

Lösung

Aufgabe 1:

z. B. Maik: „Tschick ist ja gar nicht so oberflächlich, wie ich dachte. Er hat auf Anhieb erkannt, dass ich Gefühle für Tatjana habe. Er kann ernst sein, wenn es darauf ankommt. Das gefällt mir."

Tschick: „Maik hat sich eine Riesenarbeit gemacht, um Tatjana zu beeindrucken. Er scheint Wahnsinnsgefühle für das Mädchen zu haben. Tatjana muss das Bild unbedingt bekommen."

Aufgabe 2:

Maik erkennt, dass Tschick aufmerksam und einfühlsam ist. Tschick sieht den sorgsam zusammengeklebten Riss in der Zeichnung und weiß ihn zu deuten.

Tschick erkennt, dass Maik in Tatjana verliebt ist. Ihm wird klar, dass Maik ein Mensch mit tiefen Gefühlen ist, die er nicht zeigt.

KV Seite 27

Was denkt Tatjana?

Diese Kopiervorlage regt dazu an, in Dreiergruppen (Tatjana, Maik und ein Regisseur/Fotograf) ein Standbild zu Tatjanas unmittelbarer Reaktion auf die Übergabe des Beyoncé-Porträts zu bauen. Die Ergebnisse fallen wahrscheinlich recht unterschiedlich aus, können aber nach dem Abfotografieren gut besprochen werden. Zur Ergebnissicherung sollen die Schüler in Aufgabe 2 Tatjanas mögliche Gedanken notieren. Ausführlicher setzen sie sich damit auseinander, indem sie in die Rolle Tatjanas schlüpfen und einen rückblickenden Tagebucheintrag formulieren.

Lösung

Aufgabe 2:

z. B. „Huch, was soll das denn? Maik, der Langweiler, und dann so ein Auftritt? Sieht toll aus, das Bild! Wie hat er das nur gemacht?"

Aufgabe 3:

z. B. „Ui, war das ein Tag! So eine Geburtstagsfeier hab ich noch nie erlebt. Da war's grad so chillig, dann kommen die beiden und Maik drückt mir das Bild in die Hand. Er, der nie irgendetwas gesagt hat, der Langweiler, und jetzt so was! Und auf einmal gibt Tschick Gas, legt mit der hellblauen Karre einen Stunt hin und weg sind sie. Wären sie doch geblieben! Maik ist ja eigentlich ein süßer Typ. Na, mal sehen … das nächste Schuljahr kommt bestimmt!"

KV Seite 28

Maiks und Tschicks Reise

Im Mittelpunkt des Romans steht die Reise der beiden Hauptfiguren. Auf diesem Roadtrip gibt es einige Ereignisse, die für das Leben der Jungen entscheidend sind und sie in ihrer Entwicklung weiterbringen. Mit dem Arbeitsblatt führen sich die Schüler vor Augen, was den Ausschlag zur Reise gibt. Außerdem befassen sie sich mit den Reisevorbereitungen der Protagonisten. Anhand des Gepäcks wird deutlich, wie wenig rational das Vorgehen von Maik und Tschick ist. Sie haben romantische Vorstellungen von ihrer Fahrt in die Walachei und sehen potenzielle Probleme nicht.

Interessant ist sicher, wie die Jugendlichen das Zurücklassen der Handys bewerten: Diese bieten nicht nur Hilfe bei der Orientierung und im Notfall, sondern dienen auch der Unterhaltung. Können sich Ihre Schüler vorstellen, ebenfalls eine Reise ohne Handy anzutreten?

Abschließend versetzen sich die Jugendlichen an die Stelle der Figuren und überlegen, was sie selbst auf einen Roadtrip mitnehmen würden.

Lösung

Aufgabe 1:

Beiden Jungen ist langweilig, sie vertreiben sich die Zeit mit Computerspielen und Biertrinken. Die Initiative zur Reise geht von Tschick aus, wobei Maik sich im Spiel so verhält, dass Tschick die Wette gewinnt und damit die Reise beginnen kann. Das Ziel ist anfangs noch unklar. Es scheint auch nicht so wichtig, entscheidend ist der Reiz des mit der Reise verbundenen Abenteuers.

Aufgabe 2:

Kommt mit	Bleibt da
Brot, Knäckebrot, Brotaufstrich, Konservendosen, Teller, Messer, Löffel, Zelt, Schlafsäcke, Luftmatratzen, Kasten Wasser, Federballschläger, Mangas, vier Paar Schuhe, Werkzeugkoffer, sechs Fertigpizzas, Geld	Isomatten, Rollerblades, Handys, CDs

Aufgabe 3:

Im Gespräch sollte (neben den oben erwähnten Aspekten zur Handymitnahme) deutlich werden, dass die Auswahl wenig durchdacht ist, da man z. B. auch einen Dosenöffner bräuchte, wenn man Konservendosen einpackt, oder etwas zum Erhitzen, wenn man Fertigpizzas essen will.

KV Seite 29

Unterwegs in die Walachei

Tschicks Vorschlag, in die Walachei zu seinem Großvater zu fahren, sorgt zunächst für Missverständnisse: Maik kennt „Walachei" nur als allgemeine Bezeichnung für einen abgelegenen Ort, nicht aber als realen Teil Rumäniens. So wie ihm geht es sicher auch vielen Schülern. Dieses Arbeitsblatt hilft ihnen, das Reiseziel der Protagonisten räumlich zu verorten. Sie markieren die Walachei auf einer Europakarte und rahmen die Länder ein, die auf einer Autofahrt dorthin zu durchqueren sind. Abschließend führen sie sich die Entfernung vor Augen und schätzen, wie viel Zeit die Jungen für den Roadtrip benötigen würden.

Lösung

Aufgabe 1:

Der Begriff „Walachei" wird umgangssprachlich benutzt, um (...): Maik

Die Walachei ist eine Landschaft im Süden von Rumänien, an der (...): Tschick

Aufgabe 2:

Aufgabe 3:

Der Routenplaner gibt für die schnellste Strecke ca. 1500 Kilometer an.

Aufgabe 4:

Die Fahrtdauer für die schnellste Strecke beträgt rund sechzehn Stunden. Die Jungen würden sicherlich deutlich mehr Zeit benötigen, da sie unerfahrene Autofahrer sind, Nebenstrecken nutzen und öfter Pausen einlegen müssten.

KV Seite 30

Familienklima

In „Tschick" kommen verschiedene Familien vor, die sich durch unterschiedliche Werte und Umgangsformen auszeichnen und teils im Kontrast zum zerrütteten Familiengefüge des Ich-Erzählers Maik stehen. Auf diesem Arbeitsblatt setzen sich die Schüler näher mit dem Zusammenleben in den einzelnen Familien auseinander und verdeutlichen es bildlich, indem sie die jeweils vorherrschende „Temperatur" in ein Thermometer einzeichnen. Hier kann in Kleingruppen gearbeitet werden, wobei sich immer eine Gruppe einer Familie widmet.

Die zweite Aufgabe, bei der die Jugendlichen eine „Wunschfamilie" aus dem Roman auswählen, bietet je nach Klassensituation auch einen Anlass, um über das eigene Familienleben zu sprechen.

Lösung

Aufgabe 1:

Maik (13. Kapitel): Maik ist oft allein zu Hause, er langweilt sich und fühlt sich einsam. Seine Mutter muss immer

wieder in die Entzugsklinik, der Vater fährt mit seiner Geliebten in den Urlaub. Der Vater sorgt zwar materiell für Maik, indem er ihm Geld dalässt, verhält sich ihm gegenüber aber lieblos und aggressiv. – Temperatur: eher kalt
Tschick (9. Kapitel): Über Tschicks Familie gibt es in der Klasse viele Gerüchte, keiner weiß etwas Genaues. Er wohnt offenbar mit seinem Bruder zusammen (S. 44). Von seinen Eltern oder möglichen weiteren Geschwistern ist nirgendwo die Rede. Tschick wirkt vernachlässigt, was z. B. sein Alkoholkonsum zeigt. – Temperatur: eher kalt
Lutz Heckel (23. Kapitel): In der Familie von Lutz Heckel herrscht Zusammenhalt. Man macht gemeinsam Ausflüge. Lutz' Vater kümmert sich sogar um die Klassenkameraden seines Sohnes, indem er ihnen belegte Brötchen spendiert (S. 117). – Temperatur: eher warm
Friedemann (25. Kapitel): Friedemann hat eine Mutter und vier Geschwister (S. 130). Der Vater wird nicht erwähnt. Die Familie zeichnet sich durch eine alternative Lebensweise sowie einen besonders liebevollen Umgang untereinander und mit Gästen aus. So wird gemeinsam gegessen und gespielt. Das einfache Essen und die unterschiedlich großen Schälchen mit Nachspeise deuten darauf hin, dass eher wenig Geld zur Verfügung steht. – Temperatur: warm

Gesprächsanlässe

Ein Geschenk, das ich nie vergessen werde
Maik gibt sich große Mühe, um Tatjana etwas zu schenken, was sie von keinem anderen bekommen wird. Welches besondere Geschenk wirst du nie vergessen? Sprich mit einem Partner darüber.

Die Musik im Buch
Zwar nehmen die Jungen keine CDs auf ihre Reise mit, Musik spielt aber dennoch eine wichtige Rolle im Roman. Im 15. Kapitel hört Maik laut die White Stripes, während er den Rasen sprengt. Auf ihrer Autofahrt finden die beiden eine Kassette unter der Fußmatte mit Klaviermusik von Richard Clayderman (S. 105). Was hält Maik jeweils von dieser Musik? Sprecht darüber.

Hört euch dann Lieder von den White Stripes (z. B. „Seven Nation Army") und die „Ballade pour Adeline" (gespielt von Richard Clayderman) auf Youtube an. Wie wirkt die Musik auf euch? Teilt ihr Maiks Meinung darüber? Inwiefern passt die „Ballade pour Adeline" vielleicht doch zu dem Roadtrip?

Adel auf dem Radel
Im 24. Kapitel haben die beiden Jungen Kontakt zu Jugendlichen, die sich als Adelige ausgeben. Maik zweifelt, ob das wirklich stimmt. Recherchiere, ob es in Deutschland noch Adelige gibt, welche Stellung sie in der Gesellschaft haben und wie man sie anspricht. Tragt eure Ergebnisse in der Klasse zusammen.

Kreativ aktiv

Mein Traumurlaub
Wie sieht dein Traumurlaub aus? Bist du zu Fuß oder mit dem Rad, mit der Bahn, mit dem Auto oder mit dem Flugzeug unterwegs? Wo soll es hingehen? Wer begleitet dich? Strandurlaub, Stadtbesichtigung oder Work-and-travel-Aufenthalt? Schreibe deine Vorstellung von einem Traumurlaub auf ein Blatt Papier. Dieses steckst du in einen Umschlag und klebst ihn zu. Schreibe ein Datum darauf, das fünf Jahre in der Zukunft liegt. Lege den Umschlag zur Seite und öffne ihn erst an dem notierten Termin. Hast du deinen Traumurlaub mittlerweile gemacht?

Mein Soundtrack für die Reise
Welche Musik würdest du auf einem Roadtrip hören? Erstelle eine Playlist.

Wer war Graf Luckner?

1. Lies den Text über den Autor von Maiks Lieblingsbuch.

Graf Luckner

Felix Nikolaus Alexander Georg Graf von Luckner wurde am 9. Juni 1881 in Dresden geboren. Mit dreizehn Jahren wollte er weg von seinen Eltern, in die Fremde ziehen und Abenteuer bestehen. Deshalb ging er zur See. Er heuerte unter falschem Namen auf einem russischen Schiff an, wurde Steuermann und Kapitän. Im Ersten Weltkrieg (1914–1918) machte er in der deutschen Marine Karriere und kam zu Ruhm und Ehre, als er eine britische Seeblockade durchbrach und vierzehn Schiffe versenkte.

Weitere spektakuläre Abenteuer erlebte Graf Luckner im Südpazifik und vor Neuseeland, wo er zeitweise in Kriegsgefangenschaft geriet. Nach dem Ersten Weltkrieg berichtete er in vielen Vorträgen von seinen Heldentaten zur See und in fremden Ländern. Mit der Hilfe von Ghostwritern veröffentlichte er den Roman „Seeteufel", der von seinen Erlebnissen handelt und seine eigenen Leistungen glorifiziert. Graf Luckner starb am 13. April 1966 in Malmö / Schweden, wo er mit seiner Frau gelebt hatte.

2. Warum findet Maik das Leben von Graf Luckner wohl so faszinierend? Im Wortgitter verbergen sich fünf Begriffe, die dir Hinweise geben. Rahme sie ein.

X	Z	H	B	R	A	Q	Y	H
J	V	E	T	R	F	B	M	E
M	Y	L	Y	M	R	Ü	W	R
U	E	D	E	Q	E	F	E	I
E	L	C	B	Q	M	F	L	G
L	Ö	W	E	E	D	E	T	M
A	B	E	N	T	E	U	E	R
O	C	D	E	U	K	Y	R	E
D	R	E	I	Z	E	H	N	V

3. Ergänze mit den Begriffen aus dem Wortgitter den Lückentext passend.

Der Roman „Seeteufel" von Graf Luckner fasziniert Maik, weil er sich mit der Hauptfigur identifizieren kann. Die beiden sind fast gleich alt: Graf Luckner ist ______________ Jahre alt, als er von zu Hause wegläuft, Maik ist zur Zeit der Romanhandlung vierzehn Jahre alt. Eine weitere Gemeinsamkeit ist, dass beide ohne ______________ auskommen müssen: Graf Luckner, weil er sein Leben eigenständig führen will, Maik, weil seine Mutter in den Sommerferien in die Entzugsklinik geht und der Vater mit seiner Geliebten in den Urlaub fährt. Für Maik ist Graf Luckner ein ______________. Er sehnt sich danach, wie dieser seinem langweiligen Alltag zu entfliehen, in die ______________ zu ziehen und dort ______________ zu bestehen.

Ein angerissenes Porträt

Maik zeigt Tschick im 16. Kapitel das Porträt von Beyoncé, das er für Tatjana gezeichnet hat.

1. Was geht den beiden Jungen wohl durch den Kopf, als sie das Bild ansehen? Sprich mit einem Partner. Schreibe dann in die Denkblasen.

2. Ergänze auf der Grundlage deiner Ergebnisse aus Aufgabe 1 die folgenden Satzanfänge.

Maik erkennt, dass ______

______

______

Tschick erkennt, dass ______

______

______

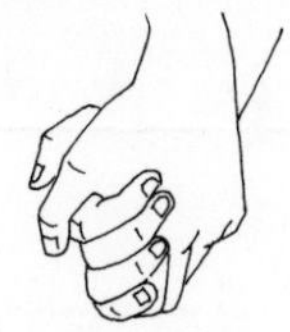

Was denkt Tatjana?

Im 17. Kapitel drückt Maik Tatjana das Beyoncé-Porträt in die Hand.

1. Was geht Maik und Tatjana bei der Übergabe durch den Kopf? Stellt in Kleingruppen die Situation als Standbild nach. Fotografiert eure Standbilder und vergleicht sie.

In einem Standbild zeigen Personen ihre Gedanken und Gefühle durch Mimik, Gestik und Körperhaltung. Sie sind dabei „eingefroren", also unbeweglich. Wenn man das Standbild in einem Foto festhält, kann man nachher darüber sprechen und die Gefühle der Personen deuten.

2. Schreibe Tatjanas Gedanken auf.

Am nächsten Abend erinnert sich Tatjana noch einmal an die Situation.

3. Versetze dich in Tatjana hinein und verfasse einen Tagebucheintrag.

Maiks und Tschicks Reise

1. Wie kommt es zu der Reise? Welche Gründe haben die Jungen dafür? Lies im 18. Kapitel nach und erkläre.

2. Was nehmen die beiden auf ihre Reise mit? Was lassen sie zurück? Lies im 19. Kapitel nach und trage passend in die Tabelle ein.

Kommt mit	Bleibt da

3. Was haltet ihr von den Entscheidungen der Jungen? Diskutiert darüber.

4. Was würdest du auf einen Roadtrip mitnehmen? Schreibe eine Packliste.

Packliste für meinen Roadtrip

Unterwegs in die Walachei

1. Welche Bedeutung von Walachei meint Tschick, welche Maik (18. Kapitel)? Schreibe ihre Namen passend unter die Erklärungen.

Der Begriff „Walachei“ wird umgangssprachlich benutzt, um eine abgelegene Gegend zu bezeichnen. Er bedeutet so viel wie „ganz weit draußen“ („Jottwehdeh“) oder „Dingenskirchen“.

____

Die Walachei ist eine Landschaft im Süden von Rumänien, an der Grenze zu Bulgarien. Im Norden wird die Walachei von den Karpaten, einem Gebirgszug, im Süden vom Fluss Donau begrenzt.

____

2. Wo liegt die Walachei? Markiere sie auf der Europakarte. Welche Länder würden die Jungen auf ihrer Reise von Berlin in die Walachei durchqueren? Rahme sie ein.

3. Recherchiere mithilfe eines Routenplaners, wie viele Kilometer Maik und Tschick auf ihrem Roadtrip in die Walachei zurücklegen würden. Schreibe dein Ergebnis auf.

____

____

4. Überlege, wie viele Stunden bzw. Tage die Reise der Jungen in die Walachei dauern würde. Notiere dein Ergebnis. Tauscht euch in der Klasse über eure Einschätzungen aus.

____

____

____

____

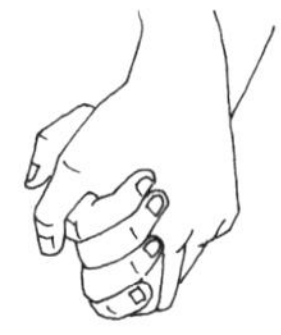

Familienklima

1. Beschreibt, welches Klima in den Familien von Maik, Tschick, Lutz Heckel und Friedemann herrscht. Wie geht man miteinander um, welche Werte zählen? Zeichnet die zwischenmenschliche „Temperatur“ jeweils auf dem Thermometer ein.

Maik (13. Kapitel):

Tschick (9. Kapitel):

Lutz Heckel (23. Kapitel):

Friedemann (25. Kapitel):

2. In welcher von diesen Familien würdest du am liebsten leben? Rahme die entsprechende Wolke farbig ein. Schreibe auf, was dir an dieser Familie gefällt.

26. bis 39. Kapitel: Tschick und Maik auf Tour

Inhalt

(26) Tschick und Maik finden schließlich doch noch den Supermarkt im Dorf von Friedemanns Familie und kaufen ein. Als Tschick gerade dabei ist, den Lada zu beladen, wird er von einem Polizisten entdeckt. Auch ein Täuschungsmanöver von Maik hilft nicht, den Verdacht des Mannes auszuräumen. Tschick rast mit dem Wagen davon, Maik flüchtet auf dem Fahrrad des Polizisten und dieser bleibt brüllend zurück.

(27) Maik, der die Nacht allein im Wald verbringt, überlegt, wie er Tschick wiederfinden könnte. Es erscheint ihm sinnvoll, den letzten sicheren Ort aufzusuchen, an dem sie gemeinsam waren – in der Hoffnung, dass Tschick genauso denkt und sie dort aufeinandertreffen. Am frühen Morgen radelt Maik also zur Aussichtsplattform, findet Tschick aber nicht vor. Allerdings entdeckt er eine Nachricht von ihm, die besagt, dass er Maik bei Sonnenuntergang abholen werde. Tschick kommt tatsächlich abends zur Aussichtsplattform. Den Lada hat er inzwischen schwarz lackiert und mit Cottbuser Kennzeichen versehen.

(28) Am nächsten Tag setzen die Jungen ihre Reise auf der Autobahn fort. Nach ungefähr fünfzig Kilometern bemerken sie, dass der Tank fast leer ist. Nun stehen sie vor einem neuen Problem: Beide haben noch nie ein Auto betankt und wissen auch nicht, wie sie als Minderjährige einem Tankwart die Situation erklären sollen. Tschick verwirft Maiks Vorschlag, den Lada stehen zu lassen und einen anderen Wagen aufzubrechen. Da erinnert sich Maik, in einem Buch gelesen zu haben, dass man Flüssigkeiten durch Ansaugen aus einem Behälter herausholen könne. Er schlägt vor, auf diese Weise das Benzin aus einem Fahrzeug zu stehlen. Tschick kann sich zwar nicht vorstellen, dass das funktioniert, aber mangels einer Alternative wollen sie es zumindest versuchen.

(29) Da sie an der Tankstelle keinen Schlauch finden, gehen Maik und Tschick zurück zu einer Müllhalde, die sie auf der Fahrt gesehen haben. Auch dort werden die beiden zunächst nicht fündig. Während der Suche bemerken sie ein Mädchen in ihrem Alter, das ebenfalls auf den Müllbergen herumklettert. Es trägt schmutzige Kleidung und wirkt ungepflegt. Als es dunkel wird, ruft das Mädchen den Jungen etwas Unverständliches zu. Daraus entwickelt sich ein verbaler Schlagabtausch zwischen ihr und Tschick mit derben Beschimpfungen. Maik besteigt den Müllberg, auf dem das Mädchen sitzt, und lässt sich zeigen, wo man Schläuche findet. Die Jungen nehmen einige davon und machen sich auf den Rückweg. Das Mädchen läuft ihnen hinterher und will wissen, wo sich die Brombeerhecke befindet, von der die zwei vorher gegessen haben.

(30) Beim Laufen stellen Maik und Tschick fest, dass das Mädchen unangenehm riecht. Es fragt die Jungen über ihre Lebensumstände und Vorlieben aus, gibt aber kaum Auskünfte über sich selbst. Nur, dass es später beim Fernsehen arbeiten und eine Quizshow moderieren möchte, verrät es. An der Brombeerhecke wollen die beiden Jungen ihre Begleiterin loswerden und allein zum Auto weitergehen, auch wenn Maik völlig verzaubert ist, als sie ein Lied von Beyoncé singt. Doch das Mädchen scheint ihnen mit etwas Abstand zu folgen. Maik und Tschick unterhalten sich darüber, ob ihre neue Bekanntschaft tatsächlich auf der Müllkippe lebt. Das kann Maik sich nicht vorstellen. Schließlich kommen die beiden wieder an der Tankstelle an.

(31) Maik und Tschick finden ein Auto, dessen Tankdeckel sich öffnen lässt. Sie versuchen, das Benzin durch Ansaugen aus dem Tank zu holen, was ihnen jedoch nicht gelingt. Die zwei fühlen sich beobachtet und haben Angst, entdeckt zu werden. Es stellt sich heraus, dass das Mädchen ihnen tatsächlich gefolgt ist. Es beschimpft die beiden wieder derb, weil sie nicht in der Lage sind, Benzin zu stehlen. Schließlich saugt es Benzin aus dem Tank und füllt damit den Kanister der Jungen.

(32) Maik und Tschick setzen ihre Reise fort, zusammen mit dem Mädchen, das Isa heißt. Da sie den Jungen geholfen hat, das Benzin zu beschaffen, stehen sie ihr gegenüber jetzt in der Pflicht. Ein wirkliches Ziel scheint Isa nicht zu haben, denn sie ist bereit, in jede Richtung mitzukommen. Die Fahrt führt die drei in ein Gebirge, das keiner von ihnen kennt. An einem kleinen See hält Tschick an. Die beiden Jungen schubsen Isa ins Wasser und werfen ihr eine Flasche Duschmittel zu. Anschließend stößt Tschick auch Maik ins Wasser. Wieder an Land zieht sich Isa komplett aus und seift sich ein, was Maik verwirrt. Er und Tschick waschen sich ebenfalls und die Stimmung beruhigt sich. Isa bekommt frische Kleidung von Maik und die drei essen gemeinsam. Die Jungen erfahren trotz Nachfragen nichts weiter über Isa, außer dass sie mit Nachnamen Schmidt heißt.

(33) Am nächsten Morgen, als Tschick gerade im Dorf Essen kauft, möchte Isa, dass Maik ihr die Haare schneidet. Sie zieht ihr T-Shirt aus und sitzt nun halb nackt vor Maik, was diesen erneut verwirrt. Kurz darauf bemerken

die beiden in der Nähe einen Voyeur, der zu ihnen schaut und onaniert. Isa verscheucht ihn, indem sie auf ihn zurennt und Steine in seine Richtung schleudert. Wieder zurück fordert sie Maik auf, das Haareschneiden fortzusetzen. Maik macht Isa ein Kompliment für ihr Aussehen, worauf sie ihn nach seinen sexuellen Erfahrungen befragt und anbietet, mit ihm zu schlafen. Maik ist sexuell noch unerfahren und lehnt ab. Isa schlägt daraufhin vor, sich erst einmal zu küssen, doch in dem Moment kommt Tschick zurück.

(34) Mit dem Lada fahren die drei den Berg neben dem See hoch, müssen aber die letzte Wegstrecke bis zum Gipfelkreuz zu Fuß gehen. Oben sind sie die einzigen Besucher. An einer kleinen Hütte entdecken sie viele Einkerbungen von Menschen, die ebenfalls schon hier waren. Angesichts des Schriftzugs „Anselm Wail 1903" sinniert Maik über die Vergänglichkeit des Lebens und bedauert, dass Tschick nur ihre Initialen und die Jahreszahl und nicht ihre vollständigen Namen ins Holz eingeritzt hat. Maik bekennt, dass er froh ist, mit Isa und Tschick befreundet zu sein. Er wüsste gern, wie es mit ihren Leben weitergeht. Deshalb schlägt er vor, sich in genau fünfzig Jahren, am 17. Juli 2060, wieder an diesem Ort zu treffen und dies mit einem Schwur zu bekräftigen. Die anderen beiden willigen ein.

Beim Abstieg sieht Isa einen Reisebus und beschließt, damit nach Prag zu ihrer Halbschwester weiterzufahren. Maik gibt ihr die dreißig Euro, die sie benötigt und die sie verspricht zurückzugeben. Zum Abschied küsst Isa Maik auf den Mund. Tschick erkundigt sich, ob sich Maik etwa schon wieder verliebt habe.

(35) Unterwegs geraten die Jungen an eine Unfallstelle. Um der Polizei auszuweichen, biegt Tschick kurz davor in einen Feldweg ab. Dieser wird immer schmaler und endet schließlich an einem Holzgatter vor einer sumpfigen Ebene. Maik und Tschick entscheiden sich weiterzufahren und kommen nach einigen Kilometern an einen steilen Abhang. Unter sich sehen sie kahle Krater, die sie an eine Mondlandschaft erinnern. Tatsächlich handelt es sich dabei um ein Abbaugebiet von Braunkohle. Die Jungen entdecken eine brückenartige Konstruktion, die die Senke überspannt. Vorsichtig und sehr langsam fahren sie darüber. In der Mitte legen sie eine Pause ein, wobei Maik angesichts der Kraterlandschaft sein Leben in Berlin völlig unwirklich erscheint.

(36) Nachdem die beiden den Steg überquert haben, finden sie sich in einem Dorf wieder, das für den Tagebau geräumt werden musste und seit langer Zeit völlig verlassen zu sein scheint. Die Straßen sind in einem desolaten Zustand, die Häuser verfallen, die Fenster mit Brettern vernagelt. Plötzlich schießt ein alter Mann aus einem der Häuser auf den Lada und versetzt Maik und Tschick in Angst. Es stellt sich jedoch schnell heraus, dass der wohl letzte Einwohner des Dorfes ihnen nichts Böses will. Er lädt die Jungen zu einer Limo ein und erzählt von früher, seiner Jugendliebe und seinen Erlebnissen im Zweiten Weltkrieg. Die beiden bemerken bald, dass die Geschichten widersprüchlich und unglaubwürdig sind. Zum Abschied gibt Horst Fricke seinen Besuchern ein braunes Fläschchen mit, das angeblich lebensrettende Wirkung hat. Da der Inhalt aber bestialisch stinkt, werfen sie es kurz darauf aus dem Auto.

(37) Als sich Maik auf der Weiterfahrt umdreht und einen Polizeiwagen vor Horst Frickes Haus erkennt, gibt Tschick Gas und rast über ein Plateau nach unten in Richtung Autobahn. Der Lada überschlägt sich mehrfach und bleibt auf dem Dach liegen. Beide Jungen steigen nahezu unverletzt aus. Da kommt eine stattliche Frau auf sie zu, die den Unfall beobachtet hat. Sie möchte helfen, ist aber so aufgeregt, dass sie Tschick den mitgebrachten Feuerlöscher auf den Fuß fallen lässt.

(38) Weil Tschick nicht mehr aufstehen kann, hebt ihn die Frau einfach hoch, trägt ihn zu ihrem Auto, setzt ihn auf den Beifahrersitz und lässt Maik hinten einsteigen. Dann fährt sie rasend schnell über die Autobahn ins Krankenhaus. Auf der Fahrt unterhält sich die Frau mit Tschick über ihre Tätigkeit als Sprachtherapeutin und vermittelt ihm Grundlagen der Stimmbildung, während Maik sich vor allem Sorgen darüber macht, von der Polizei eingeholt zu werden. Bei der Klinik angekommen teilt Tschick mit, dass er keine Krankenversicherung habe. Die Frau verspricht, für die Kosten, die sie verursacht hat, aufzukommen.

(39) Im Krankenhaus gibt Maik Tschick als André Langin aus und erfindet auch eine Krankenversicherung für ihn. Nach stundenlangem Warten verabschiedet sich die Sprachtherapeutin und drückt den Jungen zweihundert Euro für die Bahnfahrt nach Hause in die Hand. Später wird Tschick geröntgt und erhält einen Gips und zwei Krücken.

Maik ist klar, dass die Reise in diesem Krankenhaus zu Ende ist. Doch dann entdeckt er aus dem Krankenhausfenster in der Ferne den Lada, der in der Parkbucht der Autobahn abgestellt wurde. Als ein völlig übermüdeter Arzt zur Visite kommt, erfährt Tschick, dass er eine Quetschung und einen Haarriss hat und sein Bein vierzehn Tage ruhig stellen muss.

Gerade als sie wieder aus dem Fenster sehen und Tschick vorschlägt, zum Lada zu laufen und damit weiterzufahren, betritt eine Krankenschwester das Zimmer.

Unterrichtsschwerpunkte

- einen Bericht schreiben
- eine in Ostdeutschland ansässige Volksgruppe und ihre Sprache kennenlernen (Sorben, Sorbisch)
- die Begegnung mit Isa
- sich in die Figuren hineinversetzen
- Figurenbeziehungen untersuchen
- Sachinformationen recherchieren und präsentieren (Braunkohletagebau, Horst Frickes Erzählungen über den Zweiten Weltkrieg)
- Sprache untersuchen: Jugendsprache, Metaphern und Vergleiche

Zu den Kopiervorlagen

KV Seite 37

Ein Polizist berichtet …

Diese Kopiervorlage kann genutzt werden, um mit den Schülern das Schreiben eines Berichts zu üben. Dazu müssen sie einen Perspektivwechsel vornehmen, indem sie nicht die Sicht des Ich-Erzählers, sondern die des Polizisten einnehmen. Fehlende wichtige Informationen (Ort, Zeit) ergänzen die Jugendlichen. Der Tatzeitpunkt kann rückblickend von dem Tag, an dem Maik und Tschick mit Isa den Gipfel besteigen, erschlossen werden: Dort nennt Maik als Datum den 17. Juli (S. 175), die Flucht vor dem Polizisten liegt etwa vier Tage zurück, fand also wahrscheinlich am 13. Juli statt. Es ist das Jahr 2010, wie aus der Schnitzerei von Tschick deutlich wird (S. 174).

Lösung

Aufgabe 2:

a) Darüber, dass dem Polizisten sein Fahrrad gestohlen wurde.

b) Ich sah ihn und dachte mir, dass er ein Verbrecher ist.

c) Wann? Wo?

d) Was? Wie? Warum?

e) Der ist nicht sauber, denke ich, da musst du aufpassen!

Aufgabe 3:

z. B. Bericht über den Diebstahl meines Fahrrads:
Am Dienstag, den 13. Juli 2010, wurde mir um ca. 14.30 Uhr von einem unbekannten Jungen in der Hauptstraße unmittelbar vor meinem Haus mein Dienstfahrrad entwendet.

Der Diebstahl ging folgendermaßen vor sich: Ich trat mit dem Fahrrad vors Haus. Da die Kette vom Zahnrad gesprungen war, stellte ich das Rad auf der Straße auf den Sattel und den Lenker. Ich war gerade dabei, die Kette auf das Ritzel zu drücken, da sah ich in etwa fünfzig Metern Entfernung einen Jungen mit einem großen Kürbis die Straße entlanggehen.
Als ich das nächste Mal aufblickte, sah ich einen zweiten Jungen, der zwei Einkaufstaschen in einen am Straßenrand parkenden hellblauen Lada hob und gerade dabei war, sich auf den Fahrersitz zu setzen. Plötzlich hielt der Junge im Lada inne, weil ihm der andere etwas zurief. Er kam kurz mit einem Schlafsack in der Hand auf mich zu, sprintete dann aber zu dem Fahrzeug zurück. Ich bin ihm zwar noch hinterhergelaufen, konnte ihn jedoch nicht mehr aufhalten. Er sprang in den Lada und fuhr davon. Leider war ich zu weit entfernt, um das Kennzeichen zu lesen.
Inzwischen war der Junge mit dem Kürbis bei meinem Fahrrad angekommen, das noch auf der Straße stand. Er setzte sich darauf und versuchte, in die entgegengesetzte Richtung zu flüchten. Ich rannte zu ihm und hatte ihn schon fast erreicht, da gelang es ihm, so stark in die Pedale zu treten, dass ich keine Chance mehr hatte.
Mein Dienstfahrrad ist seitdem unauffindbar, weshalb ich den Diebstahl hiermit melde.
Michael Kurz, Polizeimeister

KV Seite 38

Eine fremde Sprache

Im 27. Kapitel stößt Maik auf Straßenschilder in einer ihm unbekannten Sprache. Die beiden Jungen rätseln, um welche Sprache es sich handelt, und schließen Russisch und Tschechisch aus. Bei der Recherche, zu der die Schüler hier aufgefordert sind, hilft der Blick auf die Landkarte nicht, sie würde eventuell Polnisch nahelegen. Dafür liefert eines der Fotos einen Hinweis: Es geht um das Sorbische, eine westslawische Sprache, die sowohl dem Polnischen als auch dem Tschechischen ähnlich ist.

Informationen zu den Sorben bieten neben Wikipedia u. a. die folgenden Internetseiten:

- *https://www.mdr.de/sorbisches-programm/rundfunk/artikel75852.html*
- *https://www.spreewald-info.de/region/geschichte/sorben-und-wenden.php*
- *https://www.politische-bildung-brandenburg.de/themen/das-sorbische-volk*

Lösung

Aufgabe 1:

Es handelt sich um die sorbische Sprache, die in der Lausitz (Sachsen und Brandenburg, z. B. in Bautzen und Cottbus) beheimatet ist. Die Schilder sind zweisprachig, da es in Deutschland eine sorbische Minderheit gibt, etwa 40000 Obersorben in Sachsen und etwa 20000 Niedersorben in Brandenburg. Außerdem wird Sorbisch als schützenswert betrachtet. Manche Sprachwissenschaftler gehen davon aus, dass Niedersorbisch in zwanzig bis dreißig Jahren ausgestorben sein wird.

Aufgabe 2:
z. B. Das sorbische Volk besteht ursprünglich aus slawischen Stämmen, die vor rund 1500 Jahren aus der Gegend nordöstlich der Karpaten in das Gebiet zwischen Ostsee und Erzgebirge gekommen sind. Ihre kulturelle Eigenart bewahrten sie über die Jahrhunderte in der Ober- und Niederlausitz. Von den Nationalsozialisten wurden sie im „Dritten Reich" verfolgt.

KV Seite 39

Jugendsprache
„Tschick" ist vermutlich auch deshalb ein so großer Erfolg geworden, weil es Wolfgang Herrndorf gelungen ist, den Ich-Erzähler und die anderen jugendlichen Figuren in einer authentischen Art und Weise sprechen zu lassen. Typische Merkmale der Jugendsprache können die Schüler mithilfe dieses Arbeitsblatts erkennen und beschreiben.

Lösung
Aufgabe 1:
„Ihr Schwachköpfe!" – Anrede in Form einer Beschimpfung
„Ihr seid doch zum Ficken zu blöd!" – umgangssprachliche bzw. fäkalsprachliche Wortwahl
„Und du bist hier der Schwule mit dem Kanakenfreund, ja?" – politisch unkorrekte Ausdrucksweise
Dabei sah sie uns in etwa an, als würde sie fernsehen. – anschaulicher Vergleich
Aber es war ein Riesengestank, der von ihr ausging. – Superlativierung
Er erklärte ihr ungefähr fünfhundert Mal, dass wir sie nicht dabeihaben wollten … – Übertreibung

Aufgabe 2:
Der zweite Satz beginnt mit einer Konjunktion, die einen Nebensatz einzuleiten scheint. Tatsächlich folgt direkt danach aber ein Komma und anschließend kommt ein Hauptsatz.

Aufgabe 3:
„Ihr habt nicht zufällig eine Schere? Ich müsste mir nämlich mal [die] Haare schneiden."

KV Seite 40

Wer ist Isa?
Hier nähern sich die Schüler der Nebenfigur Isa an. Die Leser erfahren kaum etwas über sie und ihr Leben. Isa taucht im 29. Kapitel auf, reist ein Stück mit den beiden Hauptfiguren mit und verschwindet danach wieder. Erst im letzten Kapitel tritt sie durch ihren Brief an Maik nochmals indirekt in Erscheinung. Die Aufgabe dieser Figur ist es, bisher unbekannte Seiten von Maik und Tschick sichtbar zu machen.

Die Jugendlichen tragen zunächst alle gesicherten Informationen über Isa in einem Schaubild zusammen und ergänzen dann eigene Ideen zu ihrem Leben. In einem zweiten Schritt verfassen sie eine mögliche Biografie der Figur. Da nur wenig über Isa bekannt ist, haben die Schüler hier viele Freiheiten. Wichtig ist, dass ihre Texte zu dem, was im Roman steht, passen.

Lösung
Aufgabe 1:

Herkunft: unbekannt; eventuell stammt sie aus Berlin (das lässt ihre Reaktion vermuten, als sie Maik und Tschick nach ihrem Reiseziel fragt, S. 164)
Familienverhältnisse: unbekannt; sie gibt an, eine Halbschwester in Prag zu haben (S. 164), ob das stimmt, bleibt unklar; auch von einer Cousine ist die Rede (S. 156)
Charaktereigenschaften: aggressiv; burschikos; provozierende, derbe Ausdrucksweise (Wortwechsel beim Kennenlernen, S. 151 ff.); anhänglich und mitteilsam (S. 156 ff.); ungezwungen, aber auch distanzlos (S. 167 ff.)
Hobbys und Tätigkeiten: weitgehend unbekannt; schlägt sich wohl allein durch
Träume und Wünsche: träumt davon, eine Quizsendung zu moderieren (S. 156)

KV Seite 41

„Wir könnten ja auch erst mal küssen"
Isa ist sexuell aufgeschlossen und an Maik interessiert. Maik wiederum ist in dieser Hinsicht noch unerfahren und verlegen. Das wird im 33. Kapitel in dem Gespräch am See deutlich. Die Situation lädt die Schüler ein, sich in die Figuren hineinzuversetzen, und regt zu einem Klassengespräch an. Die Gedanken, die die Jugendlichen Maik, Isa und Tschick zuschreiben, können Impulse dafür geben.

Lösung
Aufgabe 1:
z. B. Isa: „Süß, wie er rot wird! Er ist so schüchtern. Ich hab ihn wohl aus dem Konzept gebracht."

Maik: „Hat sie ihre Frage ernst gemeint? Und habe ich es ernst gemeint, als ich Nein gesagt habe? Ich finde Isa toll, aber eigentlich reicht es mir, ihre Hand auf meinem Knie zu spüren. Wie schade, dass sie sie wieder weggenommen hat.“

Aufgabe 2:
z. B. Tschick: „Was ist denn hier los? Isas Arm um Maiks Schulter? Sag bloß, Maik hat sich schon wieder verliebt! Läuft da was und ich krieg nichts mit?“

KV Seite 42

Ewige Freundschaft?

Ganz verschiedene Formen der Zuneigung unter Jugendlichen spielen eine wichtige Rolle im Roman: die klassische Jungenfreundschaft (Maik und Tschick), Verliebtsein (Maik und Tatjana, Maik und Isa) und auch das Zusammengehörigkeitsgefühl in einer Clique (Maik, Tschick, Isa), das man gern dauerhaft bewahren möchte. Der Wunsch nach „ewiger Freundschaft“ drückt sich in Tschicks Schnitzerei und im Schwur der drei Freunde aus, sich in fünfzig Jahren am selben Ort wiederzutreffen. Das machen sich die Schüler mithilfe dieses Arbeitsblatts bewusst. Das Thema bietet viel Diskussionsstoff, da wohl die meisten Jugendlichen die Gefühle der Figuren nachvollziehen können (siehe auch Gesprächsanlass „Friends forever“ auf S. 36).

Lösung
Aufgabe 1:
An der Berghütte entdecken die Jugendlichen eine Schnitzerei von einem Anselm Wail aus dem Jahr <u>1903</u>. Maik erkennt, dass dieser Eintrag schon über <u>hundert</u> Jahre alt ist, was ihn in eine melancholische Stimmung versetzt. Er denkt: Niemand, der <u>Anselm Wail</u> kannte, lebt noch, weder seine <u>Eltern</u> noch seine <u>Kinder</u>. Maik wird bewusst, wie <u>vergänglich</u> das Leben ist und dass auch von ihm und seinen Freunden in hundert Jahren nichts mehr <u>übrig</u> sein wird.

Aufgabe 2:
Links sieht man den Schriftzug, den Tschick in die Hüttenwand schnitzt und der aus seinen Initialen und denen seiner Freunde besteht sowie aus der Jahreszahl. Rechts sieht man das Wort „Love“ auf einem Blatt Papier. Der linke Schriftzug ist sorgfältig in Holz geschnitzt, während das Wort „Love“ flüchtig auf Papier gekritzelt ist. Tschick braucht fast eine Stunde, um die sechs Buchstaben und zwei Zahlen einzuritzen (S. 174). Das zeigt die Bedeutung, die er der Freundschaft mit Maik und Isa beimisst, und seinen Wunsch, diese zu bewahren.

KV Seite 43

Am Ende der Welt

Mit dieser Kopiervorlage erhalten die Schüler Hintergrundinformationen zu den Erlebnissen von Maik und Tschick im 35. und 36. Kapitel und vertiefen dadurch ihr Verständnis der Handlung. Das Braunkohleabbaugebiet wird im Buch als apokalyptische „Mondlandschaft“ (S. 179) beschrieben, Näheres erfahren die Leser nicht. Daher recherchieren die Jugendlichen in der ersten Aufgabe zum Braunkohletagebau in Brandenburg. Anschließend sind sie aufgefordert, den widersprüchlichen Erzählungen Horst Frickes auf den Grund zu gehen und sie richtigzustellen.

Die vorgegebenen Fragen und Internetadressen ermöglichen den Schülern, die Rechercheaufträge selbstständig zu bearbeiten. Das kann auch mit einem Partner oder in der Kleingruppe geschehen.

Lösung
Aufgabe 1:
Die Lausitz hat viele Jahrzehnte vom Abbau der Braunkohle gelebt. Seit mehr als hundert Jahren wird diese dort abgebaut. In der DDR war Braunkohle der wichtigste Energieträger und das Lausitzer Revier lange Zeit der größte Arbeitgeber der Region. Noch 2020 kam über ein Drittel der in der Bundesrepublik geförderten Braunkohle aus der Lausitz. Das Verhältnis der dort ansässigen Menschen zum Braunkohleabbau ist ambivalent: Zwar bietet er Arbeitsplätze, aber er sorgt auch für die Zerstörung von Landschaften und Siedlungen, schadet dem Klima und der Natur. Die negativen Aspekte kommen auch zum Ausdruck in dem alten sorbischen Sprichwort: „Gott hat die Lausitz geschaffen, aber der Teufel die Kohle darunter.“ Verlassene Dörfer wie das im Roman beschriebene existieren in der Lausitz bis heute.

Aufgabe 2:
- Kommunisten: Anhänger einer linken politischen Bewegung, die sich u. a. auf die Theorien von Karl Marx beruft und eine klassenlose Gesellschaft errichten will; Gegner der Nationalsozialisten
- Widerstandsgruppen: Die bekannteste Widerstandsgruppe ist die „Weiße Rose“ um die Geschwister Scholl. Die überwiegend von Studenten geprägte Gruppe lehnte sich vor allem durch die Verbreitung von Flugblättern gegen den Krieg und die Nazi-Diktatur auf. Andere Gruppen: z. B. „Rote Kapelle“, „Kreisauer Kreis“.
- Ernst Röhm war ein NS-Politiker und langjähriger Führer der SA. Hitler ließ ihn 1934 ermorden unter dem Vorwand, damit einem Putsch zuvorzukommen. Röhm war nie Mitglied einer Widerstandsgruppe gegen den Nationalsozialismus. Horst Frickes Aussage ist also

falsch und zeigt, dass er Zusammenhänge aus der Vergangenheit durcheinanderbringt.

- William Shakespeare war ein englischer Dichter (1564–1616). Er wurde getauft und wuchs in einer katholischen Familie auf. Auch hier irrt sich Horst Fricke.
- Horst Frickes Erzählungen greifen „Wahrheitsfetzen" auf (Namen historischer Personen und Bewegungen), stellen sie aber in einen falschen Zusammenhang.

KV Seite 44

Das „Flusspferd"

Die Bezeichnung „Flusspferd" für die korpulente Sprachtherapeutin, die sich nach dem Unfall um Maik und Tschick kümmert, bietet hier einen Anlass, um sich mit den sprachlichen Stilmitteln Metapher und Vergleich auseinanderzusetzen. Die Schüler arbeiten heraus, dass es sich bei „Flusspferd" um eine Metapher handelt, und ordnen weitere Textbeispiele aus der Lektüre passend einer der beiden Kategorien zu.

Lösung

Aufgabe 1:

Der Ich-Erzähler hebt mit der Bezeichnung „Flusspferd" die gewaltige Körperfülle der Frau hervor.

Aufgabe 2:

„Flusspferd" ist eine Metapher, also ein verkürzter Vergleich (das Vergleichswort „wie" fehlt).

Aufgabe 3:

Eine korpulente Frau brach wie ein Flusspferd durch die Büsche.

Aufgabe 4:

	Vergleich	Metapher
„Der Arzt macht den Mund auf und zu wie ein Karpfen." (Seite 12)	x	
„Der Dickdarm sieht aus wie ein Gehirn …" (Seite 17)	x	
„Neben ihm eine große Tonne auf Stelzen und eine nicht ganz so große Tonne auf Säulen." (Seite 116)		x
„… und dass wir in einer hundert Stundenkilometer schnellen, fahrenden Müllkippe unterwegs waren, machte ein ganz seltsames Gefühl in mir." (Seite 215)		x
„Er sah zwar immer noch ein bisschen aus wie der debile Zeichentrickbär …" (Seite 244)	x	

Gesprächs- und Schreibanlässe

Friends forever

Sprecht in der Klasse darüber, ob ihr eine lebenslange Freundschaft für realistisch haltet. Welche Rahmenbedingungen sind dafür nötig? Was fördert eine solche Verbindung? Und was könnt ihr selbst tun, um eine Freundschaft lebendig zu halten?

Sorbisch für Anfänger

Schreibe Sätze zum Thema „Reisen" und übertrage sie mithilfe des online verfügbaren Deutsch-Obersorbischen Wörterbuchs *(https://hornjoserbsce.de/dow/)* ins Sorbische. So kannst du ein Gefühl für diese Minderheitensprache entwickeln.

Als Ergänzung bietet sich an, dass du verwandte Sprachen wie Polnisch und Tschechisch betrachtest und sie ebenfalls mit Online-Unterstützung übersetzt. Hier sind die Möglichkeiten vielfältiger und es ist auch leichter, z. B. mit dem Übersetzer-Tool von Google vollständige Sätze übertragen zu lassen.

Ein Polizist berichtet ...

Der Polizist, dem Maik im 26. Kapitel das Fahrrad entwendet hat, muss über diesen Vorfall für seinen Vorgesetzten einen Bericht schreiben.

1. Lies die Informationen zum Bericht.

Der Bericht
- Ein Bericht soll die Leser informieren. Er gibt deshalb nur Fakten wieder, keine Meinungen oder Wertungen.
- Die Schreibweise ist sachlich, nicht spannend.
- Berichte geben Auskunft zu Sachfragen: Wer? Wann? Was? Wo? Wie? Warum? Mit welchen Folgen?
- Ein Bericht besteht aus drei Teilen: der Einleitung, dem Hauptteil und dem Schluss.
- Berichte beschreiben ein einmaliges, vergangenes Geschehen. Daher wird das Präteritum verwendet.

2. Kreuze die richtigen Antworten an.

a) Worüber soll der Bericht den Leser informieren?

☐ Darüber, dass ein Junge unter achtzehn Jahren Auto gefahren ist.
☐ Darüber, dass dem Polizisten sein Fahrrad gestohlen wurde.
☐ Darüber, dass ein Junge einen Kürbis geklaut hat.

b) Welcher Satz darf nicht in dem Bericht stehen?

☐ Der Junge trat so fest in die Pedale, dass ich ihn nicht mehr aufhalten konnte.
☐ Ich sah ihn und dachte mir, dass er ein Verbrecher ist.
☐ Sein Freund flüchtete inzwischen mit dem Fahrzeug.

c) Welche der Sachfragen kannst du nicht eindeutig beantworten?

☐ Wer? ☐ Wann? ☐ Was? ☐ Wo? ☐ Wie? ☐ Warum? ☐ Mit welchen Folgen?

d) Welche der Sachfragen müssen im Hauptteil ausführlich beantwortet werden?

☐ Wer? ☐ Wann? ☐ Was? ☐ Wo? ☐ Wie? ☐ Warum? ☐ Mit welchen Folgen?

e) Bei welchem Satz aus dem Bericht stimmt das Tempus nicht?

☐ Da sah ich, wie der Jungen mit dem Kürbis seinem Freund komische Zeichen gab.
☐ Der ist nicht sauber, denke ich, da musst du aufpassen!
☐ Da schwang er sich auf mein Rad und ich konnte ihn nicht mehr einholen.

3. Schreibe einen Bericht aus der Sicht des Polizisten in dein Heft. Ergänze die Angaben, die im Roman fehlen (Ort, Zeit).

Eine fremde Sprache

Im 27. Kapitel entdeckt Maik in einem kleinen Ort Straßenschilder in einer ihm unbekannten Sprache. Tschick ist sich sicher, dass es nicht Russisch ist.

1. Recherchiere, um welche Sprache es sich handelt und warum die Schilder zweisprachig sind. Mache dir stichpunktartige Notizen. Vergleicht dann eure Ergebnisse.

2. Tragt Informationen zu der Volksgruppe zusammen, deren Sprache ihr in Aufgabe 1 ermittelt habt. Erstellt ein Plakat dazu und präsentiert es der Klasse.

Jugendsprache

Im 29. und 30. Kapitel, insbesondere im Gespräch zwischen Tschick und dem Mädchen auf der Müllkippe, kommen viele jugendsprachliche Ausdrücke vor.

1. Verbindet die Zitate (Seite 151 – 158) mit den passenden Erklärungen.

Zitat	Erklärung
„Ihr Schwachköpfe!“ •	• Superlativierung
„Ihr seid doch zum Ficken zu blöd!“ •	• anschaulicher Vergleich
„Und du bist hier der Schwule mit dem Kanakenfreund, ja?“ •	• Übertreibung
Dabei sah sie uns in etwa an, als würde sie fernsehen. •	• umgangssprachliche bzw. fäkalsprachliche Wortwahl
Aber es war ein Riesengestank, der von ihr ausging. •	• politisch unkorrekte Ausdrucksweise
Er erklärte ihr ungefähr fünfhundert Mal, dass wir sie nicht dabeihaben wollten ... •	• Anrede in Form einer Beschimpfung

In der wörtlichen Rede finden sich auch grammatikalische Fehler, wodurch sie sehr authentisch wirkt. Ein Beispiel dafür findest du im 32. Kapitel, nachdem Tschick Isa auf ihre verschmutzten Haare hingewiesen hat: „Ihr habt nicht zufällig eine Schere? Weil, ich müsste mal Haare schneiden.“ (Seite 165)

2. Erkläre, welche Abweichung von der sprachlichen Norm hier vorliegt.

____

____

____

____

3. Notiere, wie der Satz grammatikalisch richtig lauten müsste.

____

____

Wer ist Isa?

Zu Beginn des 32. Kapitels heißt es: „Und so lernten wir Isa kennen." (Seite 164) Doch lernen Maik und Tschick Isa wirklich kennen?

1. Trage zuerst in das Schaubild ein, was die beiden Jungen über Isa wissen. Ergänze dann eigene Ideen zu ihrem Leben. Unterscheide durch verschiedene Farben zwischen gesicherten Informationen und deinen Vorstellungen.

Herkunft:

Familienverhältnisse:

Charaktereigenschaften:

Hobbys und Tätigkeiten:

Träume und Wünsche:

2. Schreibe auf der Grundlage deines Schaubilds eine mögliche Biografie von Isa in dein Heft.

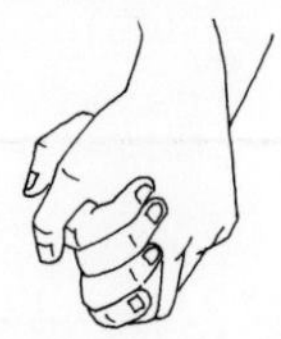

„Wir könnten ja auch erst mal küssen“

Im 33. Kapitel führen Maik und Isa ein intimes Gespräch am See.

1. Lies die Stelle (ab Seite 171, Zeile 10 bis zum Kapitelende) im Buch nach und notiere, was Isa und Maik denken könnten.

2. Was könnte Tschick durch den Kopf gehen, als er mit den Brötchen zurückkommt und die beiden sieht? Schreibe in die Denkblase.

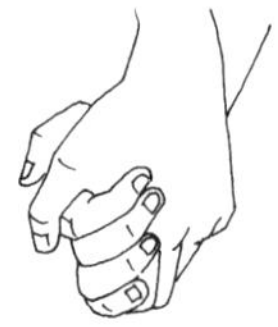

Ewige Freundschaft?

Im 34. Kapitel steigen Maik, Tschick und Isa auf einen Berg.

1. Vervollständige den Lückentext. Lies dafür im Buch auf Seite 174 nach.

An der Berghütte entdecken die Jugendlichen eine Schnitzerei von einem Anselm Wail aus dem Jahr ________________. Maik erkennt, dass dieser Eintrag schon über ________________ Jahre alt ist, was ihn in eine melancholische Stimmung versetzt. Er denkt: Niemand, der ______________________ kannte, lebt noch, weder seine ________________ noch seine ________________. Maik wird bewusst, wie ________________ das Leben ist und dass auch von ihm und seinen Freunden in hundert Jahren nichts mehr ________________ sein wird.

2. Sieh dir die beiden Schriftzüge an und beschreibe sie. Wie unterscheiden sie sich in ihrer Machart? Was sagt das über Tschicks Absicht beim Schnitzen aus?

____

____

____

____

____

____

____

____

3. Maik, Isa und Tschick wollen sich in fünfzig Jahren genau an diesem Ort um fünf Uhr nachmittags wiedertreffen. Glaubst du an ein Wiedersehen? Begründe deine Antwort.

☐ Ja / ☐ Nein, weil ____

____

Am Ende der Welt

Im 35. Kapitel kommen die Jungen in ein Braunkohleabbaugebiet.

1. Recherchiert zum Braunkohletagebau in Brandenburg. Stellt eure Ergebnisse stichwortartig auf Karteikärtchen zusammen und hängt diese thematisch geordnet an die Pinnwand, die Tafel oder das Whiteboard.

Klärt dabei folgende Fragen:
- Welche Bedeutung hat die Braunkohle für die Region und die Menschen dort?
- Wie ist die Braunkohle ökologisch einzuschätzen?
- Gibt es tatsächlich verlassene Dörfer, wie in „Tschick“ beschrieben?

Nutzt neben Wikipedia folgende Internetquellen:
https://mwae.brandenburg.de/de/braunkohle/bb1.c.478774.de
https://www.leag.de/de/geschaeftsfelder/bergbau/
https://www.bund-brandenburg.de/service/publikationen/detail/publication/bundzeit-2014-03-braunkohle/
https://www.daserste.de/unterhaltung/serie/lauchhammer/hintergrund-fluch-und-segen-braunkohle-in-der-lausitz-100.html

Im 36. Kapitel stoßen Maik und Tschick auf den einzigen Bewohner eines verlassenen Dorfes.

2. Recherchiert zu den Erzählungen von Horst Fricke und präsentiert eure Ergebnisse wie in Aufgabe 1.

Klärt dabei folgende Fragen:
- Was sind Kommunisten? Welche Bedeutung hatten sie im nationalsozialistischen Deutschland?
- Welche Widerstandsgruppen aus der NS-Zeit kennt ihr?
- Wer war Ernst Röhm? Kann er mit einer Widerstandsgruppe in Verbindung gebracht werden? Wie ist Horst Frickes Aussage, er sei in der „Widerstandsgruppe Ernst Röhm“ gewesen, einzuschätzen?
- Wer war Shakespeare? War er Jude, wie von Horst Fricke behauptet?
- Wie sind die Erzählungen von Horst Fricke insgesamt zu bewerten?

Nutzt neben Wikipedia folgende Internetquellen:
https://www.bpb.de/kurz-knapp/lexika/das-junge-politik-lexikon/320655/kommunismus/
https://www.dhm.de/lemo/biografie/ernst-roehm
http://www.william-shakespeare.de/biographie1.html

Das „Flusspferd“

Im 37. Kapitel kommt nach dem Unfall ein „Flusspferd“ auf die beiden Jungen zu. In Wirklichkeit handelt es sich um eine Frau.

1. Welche Besonderheit will der Ich-Erzähler mit der Bezeichnung „Flusspferd“ hervorheben? Sprecht darüber.

2. Vergleiche und Metaphern werden in literarischen Texten genutzt, um etwas anschaulich zu machen oder besonders hervorzuheben. Lies die folgenden Definitionen. Zu welcher Kategorie gehört „Flusspferd“? Rahme den entsprechenden Kasten farbig ein.

Der Vergleich stellt eine Beziehung zwischen zwei Bereichen her, die etwas gemeinsam haben. Er wird häufig mit „wie“ eingeleitet.

Die Metapher ist ein verkürzter Vergleich. Ein Wort oder eine Wortgruppe wird aus dem eigentlichen Bedeutungszusammenhang auf einen anderen, doch im entscheidenden Punkt vergleichbaren Zusammenhang übertragen.

3. Wie müsste der Satz „Ein Flusspferd brach vor uns durch die Büsche“ (Seite 190) lauten, wenn der Ich-Erzähler einen Vergleich verwendet hätte? Schreibe auf.

4. Ordne die Textbeispiele durch Ankreuzen passend zu.

	Vergleich	Metapher
„Der Arzt macht den Mund auf und zu wie ein Karpfen.“ (Seite 12)		
„Der Dickdarm sieht aus wie ein Gehirn ...“ (Seite 17)		
„Neben ihm eine große Tonne auf Stelzen und eine nicht ganz so große Tonne auf Säulen.“ (Seite 116)		
„... und dass wir in einer hundert Stundenkilometer schnellen, fahrenden Müllkippe unterwegs waren, machte ein ganz seltsames Gefühl in mir.“ (Seite 215)		
„Er sah zwar immer noch ein bisschen aus wie der debile Zeichentrickbär ...“ (Seite 244)		

40. bis 49. Kapitel: Das Ende der Reise

Inhalt

(40) Die Krankenschwester erkundigt sich, wo die Jungen jetzt hinmüssten. Maik erfindet daraufhin „Tante Mona", bei der sie zu Besuch wären. Die Krankenschwester fordert Maik auf, seine Tante anzurufen. So wählt er morgens um vier Uhr eine zufällige Nummer und tut so, als ob er mit Mona sprechen würde. Der Mann am anderen Ende der Leitung erfasst die Situation recht schnell und „spielt mit", wobei er sich amüsiert, zugleich aber auch besorgt zeigt. Aufgrund des Gesprächsverlaufs nimmt die Krankenschwester an, die Jungen würden von Tante Mona vor dem Krankenhaus abgeholt werden. Damit ist sie zufrieden.

(41) Maik und Tschick warten am Eingang des Krankenhauses, bis sie sich unbeobachtet fühlen. Dann laufen sie über den Acker zum Lada. Obwohl der Wagen beschädigt ist, können die beiden einsteigen. Tschick, der seine Krücken weggeworfen hat, setzt sich auf den Fahrersitz, erkennt aber, dass er mit dem Gips am Bein nicht die Pedale treten kann. Er will Maik das Steuer überlassen. Als der protestiert, verspricht Tschick zu schalten, sodass sein Freund nur Gas geben und lenken muss.

Daraufhin gesteht Maik, dass er der größte Feigling unter der Sonne sei und sich nur auf die Reise mit Tschick eingelassen habe, um wenigstens einmal im Leben nicht langweilig zu sein. Tschick widerspricht ihm vehement. Außerdem behauptet er, dass die Mädchen Maik durchaus mögen würden und bloß Angst vor ihm hätten, weil er nicht so „weichgespült" sei wie André Langin (S. 213). Tschick hält große Stücke auf Isa und bezeichnet Tatjana im Gegensatz dazu als „taube Nuss" (S. 213). Dann verrät Tschick, dass er das beurteilen könne, weil er homosexuell sei. Maik ist von dem Geständnis nicht sonderlich überrascht und ihm geht sogar kurz der Gedanke durch den Kopf, schwul zu werden. Doch obwohl er Tschick sehr gernhat, ist ihm klar, dass er selbst auf Mädchen steht.

Nach dem Gespräch steuert Maik den Lada doch auf die Autobahn und findet trotz Nervosität Gefallen am Fahren. Beide Jungen sind glücklich, dass ihr Abenteuer noch nicht zu Ende ist.

(42) Während Maik den Lada durch die mondlose Nacht steuert, erinnert er sich an eine Begebenheit, als er acht oder neun Jahre alt war: Vom abendlichen Spielen in einem Maisfeld vertrieben, lief er einen großen Umweg nach Hause. Dabei kam er an einem Chinalokal vorbei, vor dem zwei Frauen weinend auf der Eingangstreppe saßen. Dieses nächtliche Erlebnis hat Maik so beeindruckt, dass er es nie vergessen konnte. Das Freiheitsgefühl, das er damals in der Nacht zum ersten Mal verspürte, stellt sich jetzt wieder bei ihm ein.

Irgendwann halten die beiden an und bleiben im Dunkeln sitzen, bis Tschick Maik dazu auffordert weiterzufahren.

(43) Am nächsten Tag begegnen die Jungen auf der Autobahn einem Schweinetransporter, der mit geringer Geschwindigkeit und in leichten Schlangenlinien vor ihnen herfährt. Als Maik ihn auf der Standspur überholen will, schert er plötzlich aus und kommt so stark ins Schlingern, dass er sich quer stellt und umkippt. Maik steuert den Lada direkt in das Hindernis hinein.

(44) Unter Schock kriechen die beiden Jungen aus dem Lada. Maik torkelt zwischen toten und flüchtenden Schweinen hindurch, setzt sich auf die Kühlerhaube eines hinter der Unfallstelle haltenden Autos und klammert sich an der Antenne fest. Kurz darauf nimmt er wahr, wie ihn ein Polizist anspricht und Tschick humpelnd im Gebüsch verschwindet.

(45) Vier Wochen später steht die Gerichtsverhandlung über Maiks und Tschicks Straftaten an. Herr Klingenberg versucht seinem Sohn, auch mit Schlägen, einzubläuen, dass er die gesamte Schuld an dem Unfall auf Tschick schieben und sich selbst als Opfer darstellen soll. Er ist nämlich der Ansicht, der Richter würde Maik aufgrund seiner bürgerlichen Herkunft eher glauben als Tschick, den er einen „russischen Asi" (S. 230) nennt. Maik verkündet jedoch, vor Gericht die Wahrheit sagen zu wollen. Daraufhin verprügelt und tritt sein Vater ihn heftig und er verbringt den Rest des Tages im Bett.

(46) Während der Gerichtsverhandlung gibt Maik den Verlauf der Reise weitgehend wahrheitsgetreu wieder. Er akzeptiert auch das vom Richter vorgeschlagene Motiv „Fun" als Grund für die Fahrt, weil er selbst keine bessere Erklärung hat. Die Episode mit der Sprachtherapeutin erwähnt weder Maik noch Tschick, weil beide die nette Frau nicht in Schwierigkeiten bringen wollen. Als der Richter fragt, wer die Idee zu der Reise hatte, mischt sich Maiks Vater ein und behauptet, das sei Tschick gewesen. Der Richter untersagt ihm jedoch die Einmischung. So kann Maik seinen Standpunkt darlegen, dass es eine gemeinsame Entscheidung war. Im Anschluss daran schildert Tschick seine Sicht der Dinge und erklärt, er allein sei für die Idee verantwortlich. Die Mitarbeiter des Jugendheims, in dem Tschick nun untergebracht ist, und der Jugendgerichtshilfe beschreiben die Familiensituation beider Jungen als dysfunktional.

Bei der Urteilsverkündung ist Maik überrascht, da er eine härtere Strafe erwartet hat: Der Richter entscheidet, dass Tschick im Heim bleiben muss und Maik Arbeitsleistungen in einer sozialen Einrichtung im Umfang von dreißig Stunden erbringen soll.

(47) Maik kommt zur ersten Schulstunde in die Klasse 9c. Alles ist beim Alten, nur Tschick fehlt. Maiks Schrammen und sein Humpeln sind unübersehbar. Zu seinem großen Erstaunen wird ihm während des Unterrichts heimlich ein Zettel zugeschoben, der von Tatjana stammt. Sie will wissen, was mit ihm passiert ist. Nachdem der Zettel mehrmals hin- und hergereicht wurde, berichtet Maik in wenigen Sätzen von der Reise. Weil ein Mitschüler bei der Weitergabe unachtsam ist, fällt der Zettel Lehrer Wagenbach in die Hände. Der macht sich einen Spaß daraus, den gesamten Dialog mit verstellter Stimme vorzulesen. Maik und Tatjana werden aus der unangenehmen Situation erlöst, als der Schuldirektor in Begleitung von zwei Polizisten ins Klassenzimmer tritt und Maik zur Befragung nach draußen bittet.

(48) In Marzahn wurde abermals ein Lada gestohlen, den man inzwischen mit Totalschaden wiedergefunden hat. Daher erkundigen sich die Polizisten der Form halber, ob Maik oder Tschick etwas damit zu tun haben. Es stellt sich schnell heraus, dass sowohl Maik als auch Tschick nicht an diesem Autodiebstahl beteiligt waren. Maik freut sich jedoch über den Besuch der Polizei, da er ihm am Stundenende die Aufmerksamkeit seiner Mitschüler und seines Lehrers einbringt.

(49) Maik wird ins Schulsekretariat gerufen, um einen Brief abzuholen. Er vermutet zunächst, dass der Brief von Tschick stammt, doch der Absender ist ein gewisser „Anselm Wail", hinter dem sich Isa verbirgt. Sie schreibt, dass sie Maik das geliehene Geld zurückgeben kann und sich mit ihm in Berlin treffen will.

Als Maik mit dem Brief auf seinem Bett liegt, ignoriert er zuerst den Lärm von unten. Seine betrunkene Mutter ist dabei, verschiedene Einrichtungsgegenstände in den Swimmingpool zu werfen. Maik kommt dazu und hilft ihr, weitere Möbel in den Pool zu befördern. Frau Klingenberg betont, dass all diese Dinge keine Rolle spielten, solange man glücklich sei. Sie erkundigt sich bei ihrem Sohn, ob er verliebt sei und das Mädchen auch in ihn. Darauf reagiert er mit Kopfschütteln und Schulterzucken.

Kurz darauf tauchen zwei Polizisten auf, die von den Nachbarn gerufen wurden. Maiks Mutter gibt sich als Besitzerin des Hauses zu erkennen und springt in den Pool, Maik folgt ihr. Während er mit seiner Mutter auf dem Grund des Schwimmbeckens sitzt und zu den Uniformen über der Wasseroberfläche hinaufschaut, ziehen vor Maiks geistigem Auge einige Stationen der Reise vorbei und ihm wird klar: Dank Tschick war das „der beste Sommer von allen" (S. 254).

Unterrichtsschwerpunkte

- die Begegnungen auf der Reise
- Gründe und Konsequenzen der Straftaten der Protagonisten
- die Entwicklung der Freundschaft zwischen Maik und Tschick
- Maiks Verhältnis zu seinen Eltern
- die Wandlung des Ich-Erzählers am Modell der Heldenreise (nach Christopher Vogler)
- die Personenkonstellation im Roman

Zu den Kopiervorlagen

KV Seite 50

Überraschende Begegnungen

Das Sprichwort „Reisen bildet" gilt auch für diesen Roman: Maik und Tschick machen auf ihrem Roadtrip viele Erfahrungen mit anderen Menschen. Oft täuscht sie anfangs ein (negativer) äußerer Eindruck und erst bei näherer Bekanntschaft zeigt sich der wirkliche Charakter der Personen.

In Gruppenarbeit beschäftigen sich die Schüler mit jeweils einer Reisebekanntschaft und orientieren sich dabei eng am Text der Lektüre. Das Arbeitsblatt kann auch als Anregung für ein Klassengespräch oder eine Unterrichtseinheit zum Thema „Vorurteile" dienen.

Lösung

Aufgabe 1:

Maik äußert diese Gedanken im 40. Kapitel (S. 209), nachdem der fremde Mann ihm am Telefon seine Hilfe angeboten hat.

Aufgabe 2:

Friedemann (25. Kapitel):

Maik und Tschick suchen in einem Dorf den Supermarkt. Friedemann kommt ihnen auf einem Holzfahrrad entgegen und sie fragen ihn nach dem Weg.

Friedemann wirkt seltsam auf sie („glotzte uns mit riesigen Augen an wie ein großer behinderter Frosch", S. 127). Statt ihnen zu antworten, gibt der Junge Auskunft, dass seine Familie nicht im Supermarkt einkauft, und stellt Rückfragen.

Beim Essen mit Friedemanns Familie zeigt sich, dass der Junge ein enormes Wissen hat und in seiner Familie viel Gemeinsinn herrscht.
Zunächst halten die beiden Jungen Friedemann für etwas zurückgeblieben. Dieses Vorurteil wird jedoch später widerlegt.

Mutter von Friedemann (25. Kapitel):
Die Mutter kommt aus dem Haus, als sie Friedemann zum Essen ruft, und trifft dabei auf Maik und Tschick.
Maik beschreibt sie als „sehr blasse, sehr große Frau", die ein „ziemlich beeindruckendes Gesicht" (S. 128) hat. Sie wirkt „ausgemergelt", aber „vollfit" (S. 128) und sieht die Jungen „misstrauisch" an (S. 129).
Kurz darauf entpuppt sich die Frau als gastfreundlich, indem sie Maik und Tschick spontan zum Mittagessen einlädt. Es zeigt sich, dass sie gut kocht, ihre Kinder ernst nimmt und deren Bildung fördert.
Maik und Tschick haben die Frau und ihre Familie zunächst als weltfremd und andersartig wahrgenommen. Dieses Urteil wird nach dem gemeinsamen Mittagessen abgemildert, denn sie schätzen nun die Freundlichkeit, die Kochkunst und das Wissen der Familie.

Isa (29.–34. Kapitel):

Maik und Tschick treffen Isa auf einer Müllkippe und werden von ihr beschimpft. Aufgrund ihrer schmutzigen Kleidung und ihrer derben Ausdrucksweise macht sie auf die Jungen den Eindruck völliger Verwahrlosung.
Isa hilft Maik und Tschick, Benzin zu stehlen, und wird ihre Reisebegleiterin. Ihr zauberhafter Gesang und ihr Äußeres nach dem Bad im See wirken anziehend auf Maik. Beiden Jungen fällt auf, dass sie „nicht doof" ist (S. 165), und sie freunden sich mit ihr an.
Hinter Isas abschreckendem Erscheinungsbild und Verhalten verbirgt sich ein kluges, lebenspraktisches und attraktives Mädchen.

Sprachtherapeutin (37.–39. Kapitel):
Die Sprachtherapeutin hat den Unfall vom Autobahnparkplatz aus beobachtet und will als Ersthelferin einen möglichen Brand löschen.
Der erste Eindruck wird ganz durch die Leibesfülle der Frau bestimmt, deshalb spricht der Ich-Erzähler metaphorisch von einem „Flusspferd".
Die Jungen sind überrascht von der Hilfsbereitschaft der Frau, ihrem gefassten und loyalen Verhalten, als sie die Geschichte des gestohlenen Autos erfährt, ihrer Nettigkeit und ihrem Humor.
Das Übergewicht der Sprachtherapeutin verliert in den Augen der Jungen an Bedeutung, sobald sie die sympathische Frau näher kennenlernen.

KV Seite 51

Alles Verbrecher?
Maik und Tschick nehmen es auf ihrer Reise mit dem Gesetz nicht immer ganz genau. Auf diesem Arbeitsblatt setzen sich die Schüler mit den Gesetzesübertretungen der beiden Protagonisten auseinander und reflektieren deren Gründe und Folgen – für ihre Mitmenschen und für sie selbst. Fragen Sie abschließend: Ist das Gerichtsurteil gerecht? Was wäre für euch eine gerechtere Strafe?

Lösung
Aufgabe 1:
Seite 82: Autodiebstahl, Fahren ohne Führerschein (Tschick)
Seite 118/119: Austausch von Nummernschildern
Seite 137: Diebstahl eines Fahrrads (Maik)
Seite 142: Ladendiebstahl (Tschick)
Seite 160–163: Benzindiebstahl
Seite 199: Identitätsmissbrauch
Seite 214/215: Fahren ohne Führerschein (Maik)

Aufgabe 2:
Fun, Imponiergehabe, Abenteuerlust, Langeweile, Auflehnung gegen die Eltern

Aufgabe 3:
Maik und Tschick bringen mehrere Personen um ihr Eigentum (Auto-, Fahrrad-, Laden- und Benzindiebstahl), sie gefährden die öffentliche Sicherheit (Fahren ohne Führerschein) und sie schädigen andere (Austausch der Nummernschilder, Identitätsmissbrauch).

Aufgabe 4:
Maik: dreißig Arbeitsstunden in einer Einrichtung für behinderte Menschen
Tschick: Heimaufenthalt

KV Seite 52

Die Entwicklung der Freundschaft
„Freundschaft" ist ein zentrales Thema des Romans. Anhand wichtiger Stationen vollziehen die Schüler hier die sich schrittweise vertiefende Bindung zwischen Maik und Tschick nach und stellen sie anschließend in einem Diagramm bildlich dar.

Lösung
Aufgabe 1:
12. Kapitel / Auf dem Nachhauseweg: Tschick spricht Maik auf seine Jacke an.

16. Kapitel / In Maiks Zimmer: Maik zeigt Tschick die Zeichnung von Beyoncé.
18. Kapitel / Beim Computerspielen: Die Idee zu der gemeinsamen Reise wird geboren.
34. Kapitel / In der Berghütte: Tschick schnitzt die Initialen von sich, Maik und Isa ins Holz.
41. Kapitel / Im Lada: Maik verrät Tschick, dass er sich für den größten Feigling hält. Tschick outet sich als schwul.
46. Kapitel / Vor Gericht: Maik und Tschick versuchen, den jeweils anderen durch ihre Aussagen zu schützen.

Aufgabe 2:

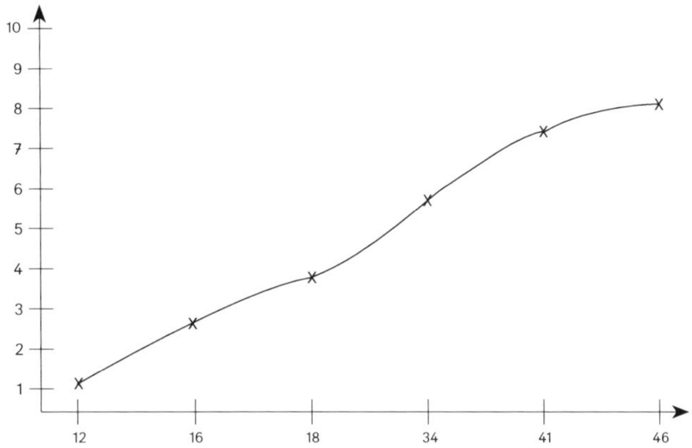

KV Seite 53

Maik und seine Eltern

Im Mittelpunkt dieser Kopiervorlage steht das Verhältnis von Maik zu seinen Eltern, das vor allem zu Beginn und am Ende des Romans thematisiert wird. Dabei zeigen sich deutliche Veränderungen, die bedingt sind durch die Entwicklung, die Maik auf seiner Reise macht.

Die Schüler ordnen zunächst Aussagen passend zu, widmen sich anschließend am Beispiel der Poolszene (49. Kapitel) Maiks Beziehung zu seiner Mutter und überlegen zuletzt, wie sich Maiks Position gegenüber seinem Vater im Laufe des Romans wandelt.

Lösung

Aufgabe 1:

	Vater	Mutter
Geht offen mit eigener Alkoholkrankheit um.		x
Will Maik mit Gewalt dazu zwingen, vor Gericht gegen Tschick auszusagen.	x	
Verhält sich unangepasst.		x
Betrachtet Tschick als Anstifter zu den Gesetzesübertretungen.	x	
Gibt an, unabhängig vom Urteil anderer zu leben.		x
Materielle Werte haben wenig Bedeutung.		x
Hält es für wichtig, dass die Familie im Ansehen unbeschadet aus der Gerichtsverhandlung herauskommt.	x	
Hat Vorurteile gegen Tschick, weil er Spätaussiedler aus Russland ist.	x	

Aufgabe 3:
Alkoholismus, Zerstörungswut

Aufgabe 4:
Vor dem Roadtrip ist Maik noch in einer traditionellen Kindrolle gefangen. Er durchschaut seinen Vater zwar, wenn der mit seiner Assistentin und Geliebten in den Urlaub fährt und das als Dienstreise deklariert. Aber er widersetzt sich seinem Vater nicht.
Vor Gericht sagt Maik die Wahrheit und stellt sich damit ausdrücklich gegen seinen Vater. Er achtet nicht – wie dieser es von ihm verlangt – auf den guten Ruf der Familie. Das zeigt: Maik hat sich von den Vorstellungen und Werten seines Vaters frei gemacht. Dieser spielt für Maik keine wichtige Rolle mehr, was auch dadurch deutlich wird, dass er in den letzten drei Kapiteln nicht mehr vorkommt.

KV Seite 54

Maiks Reise – eine Heldenreise?

Der Roman „Tschick" folgt typischen Erzählstrukturen, die schon mittelalterlichen Heldenepen wie „Erec" und „Iwein" von Hartmann von Aue oder „Parzival" von Wolfram von Eschenbach zugrunde liegen. Der amerikanische Drehbuchautor und Publizist Christopher Vogler (geb. 1949) hat dafür das Modell der „Heldenreise" entwickelt, das er als elementar für alle Geschichten erachtet. Dieses Modell wenden die Schüler mithilfe des Arbeitsblatts auf die Handlung in „Tschick" an. Sicher lassen sich einigen Stationen verschiedene Romanereignisse zuordnen. Hier kommt es darauf an, dass die Jugendlichen ihre Position im Klassengespräch begründet vertreten.

Auf der Grundlage ihrer Ergebnisse kann abschließend im Plenum die Frage diskutiert werden, ob „Tschick" dem Muster der Heldenreise weitgehend folgt oder ob und in welchen Punkten der Roman davon abweicht.

Lösung

Handlung in der Heldenreise (nach Christopher Vogler)	Handlung in „Tschick“
1. Ausgangspunkt ist die gewohnte, langweilige oder unzureichende Welt des Helden.	14. Kapitel: Maik bleibt allein zu Hause, nachdem seine Mutter und sein Vater abgereist sind.
2. Der Held wird zum Abenteuer gerufen.	16. Kapitel: Tschick kommt mit dem Lada und fragt Maik, ob er mit ihm eine Runde um den Block fährt.
3. Er weigert sich zunächst, sich auf das Abenteuer einzulassen.	16. Kapitel: Maik traut sich nicht, da beide keinen Führerschein haben und das Auto gestohlen ist. Er lehnt ab.
4. Ein Freund oder Helfer überredet ihn daraufhin, die Reise anzutreten. Das Abenteuer beginnt.	16. Kapitel: Tschick fährt einfach los und Maik bleibt im Auto sitzen.
5. Der Held überschreitet die erste Schwelle, danach gibt es kein Zurück mehr.	17. Kapitel: Maik taucht auf Tatjanas Geburtstagsfeier auf und übergibt ihr sein Geschenk.
6. Der Held muss Bewährungsproben bestehen und trifft dabei auf Verbündete und Feinde.	z. B. 22. Kapitel: Maik lernt Autofahren.
7. Er dringt bis zur größten Gefahr vor und trifft dabei auf den Gegner.	43./44. Kapitel: Der Autounfall beendet die Reise von Maik und Tschick.
8. Nun findet die entscheidende Prüfung statt, bei der er den Gegner überwindet.	45./46. Kapitel: Maik stellt sich gegen seinen Vater und sagt vor Gericht die Wahrheit.
9. Der Held erringt einen (materiellen oder geistigen) „Schatz“ als Belohnung.	46. Kapitel: Maik erwirbt durch seine wahrheitsgetreue Aussage Unabhängigkeit von seinem Vater und die Freundschaft mit Tschick.
10. Der Held tritt den Rückweg an.	47. Kapitel: Maiks Rückkehr in die Schule.
11. Er ist durch das Abenteuer zu einer neuen Persönlichkeit gereift.	47. Kapitel: Maiks Veränderungen werden in der Klasse wahrgenommen.
12. Am Ende der Reise wird der Rückkehrer zu Hause mit Anerkennung belohnt.	47. Kapitel: Tatjana zeigt Interesse an Maik. 49. Kapitel: Maik bekommt einen Brief von Isa, die sich mit ihm treffen will.

KV Seite 55 **Personenkonstellation in „Tschick“**
Nach der Lektüre fertigen die Schüler eine Personenkonstellation an. Dabei sind verschiedene Lösungen möglich. Interessant ist vor allem, wie die Unterschiede erklärt werden. Einige Figurenverhältnisse ändern sich im Laufe des Romans: Tatjana z. B. ignoriert Maik zu Beginn, zeigt am Ende aber Interesse an ihm. Die Jugendlichen machen diese Veränderungen in ihrem Schaubild durch zwei verschiedene Farben deutlich.

Gesprächsanlass

Reisebekanntschaften

Maik und Tschick haben auf ihrem Roadtrip viele Menschen kennengelernt. Die meisten waren ihnen wohlgesonnen oder haben ihnen sogar in brenzligen Situationen geholfen. Habt ihr im Urlaub, auf Klassenfahrten oder bei einem Schüleraustausch schon einmal Ähnliches erlebt? Tauscht euch darüber aus, welche Menschen euch in Erinnerung geblieben sind und warum.

Kreativ aktiv

Eine Heldengeschichte

Das Konzept der „Heldenreise“ ist die Grundlage vieler Abenteuerromane. Werde selbst kreativ: Erfinde eine Figur und lasse sie einige Abenteuer erleben. Achte darauf, dass auch Anfang und Ende deiner Geschichte dem Konzept der Heldenreise entsprechen. Schreibe deine Geschichte auf und lies sie gegebenenfalls deinen Mitschülern vor.

Überraschende Begegnungen

1. Lies Maiks Gedanken. Ordnet sie kurz in den Textzusammenhang ein, indem ihr euch in der Gruppe darüber austauscht.

Seit ich klein war, hatte mein Vater mir beigebracht, dass die Welt schlecht ist. Die Welt ist schlecht, und der Mensch ist auch schlecht. (...) Aber das Seltsame war, dass Tschick und ich auf unserer Reise fast ausschließlich dem einen Prozent begegneten, das nicht schlecht war.

2. Überprüft Maiks Gedanken, indem ihr euch mit einer der folgenden Personen beschäftigt. Notiert eure Ergebnisse auf dem Notizzettel.

Friedemann (25. Kapitel)

Mutter von Friedemann (25. Kapitel)

Isa (29.–34. Kapitel)

Sprachtherapeutin (37.–39. Kapitel)

Beantwortet folgende Fragen zu eurer Person:
- Wie lernen Maik und Tschick sie kennen?
- Welchen Eindruck haben sie zunächst von der Person? Worauf gründet dieser Eindruck?
- Was überrascht Maik und Tschick später (positiv)?
- Welche Vorurteile werden widerlegt?

3. Stellt eure Ergebnisse der Klasse vor und vergleicht sie mit denen der anderen Gruppen.

Alles Verbrecher?

1. Vergegenwärtige dir noch einmal die Handlung bis zum Gerichtstermin (46. Kapitel) und schreibe auf, welche Gesetzesverstöße Maik und Tschick begangen haben.

Seite 82: ____________________

Seite 118/119: ____________________

Seite 137: ____________________

Seite 142: ____________________

Seite 160–163: ____________________

Seite 199: ____________________

Seite 214/215: ____________________

2. Warum verhalten sich die beiden Jungen kriminell? Rahme passende Motive ein. Begründe deine Meinung.

Fun | genetische Anlagen | Imponiergehabe | Abenteuerlust | Langeweile

Kritik an der Gesellschaft | Auflehnung gegen die Eltern | Überlebensstrategie

3. Welche Folgen hat ihr kriminelles Verhalten für ihre Mitmenschen? Notiere.

____

____

____

____

____

4. Schreibe auf, wozu die beiden vor Gericht verurteilt werden.

Maik: ____________________

____

Tschick: ____________________

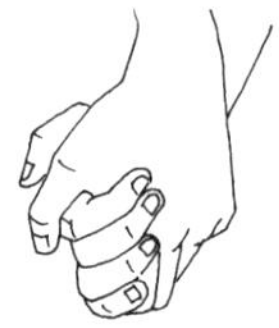

Die Entwicklung der Freundschaft

1. Einige Kapitel geben entscheidende Momente in der Beziehung zwischen Maik und Tschick wieder. Notiere, worin diese bestehen.

12. Kapitel / Auf dem Nachhauseweg: ______________________________

____

16. Kapitel / In Maiks Zimmer: ______________________________

____

18. Kapitel / Beim Computerspielen: ______________________________

____

34. Kapitel / In der Berghütte: ______________________________

____

41. Kapitel / Im Lada: ______________________________

____

46. Kapitel / Vor Gericht: ______________________________

____

2. Gib die Intensität der Freundschaft von Maik und Tschick an, indem du eine Kurve zeichnest (zwischen 1 = erste Annäherung und 10 = beste Freunde). Stütze dich dabei auf deine Ergebnisse aus Aufgabe 1.

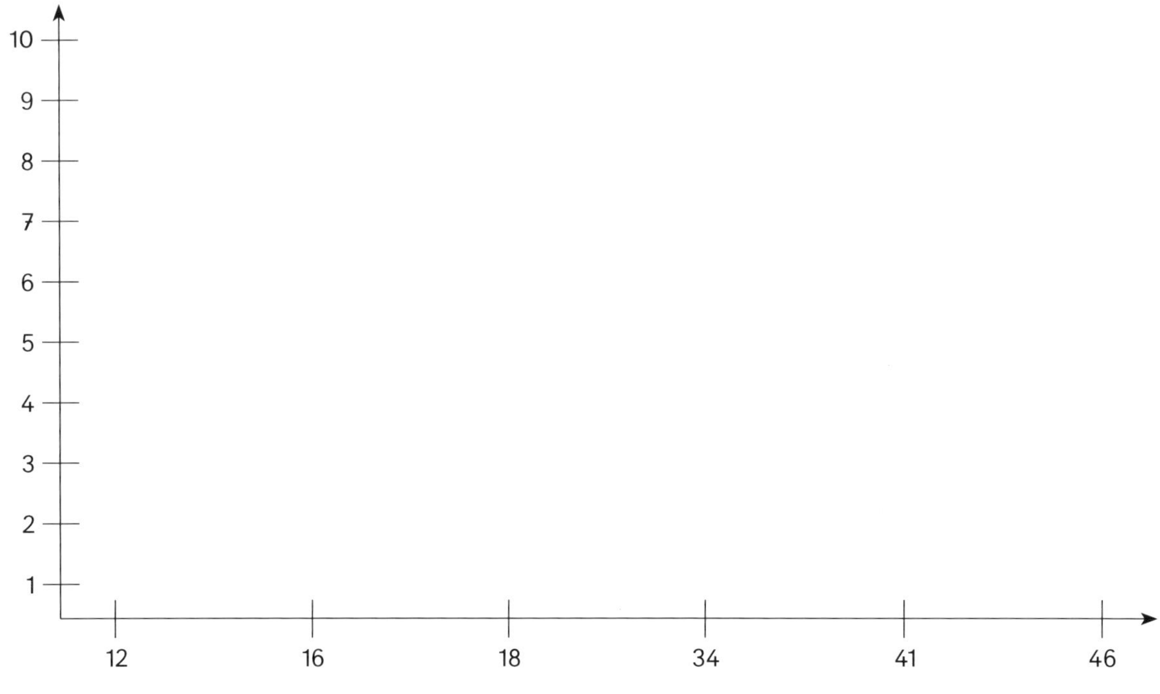

Maik und seine Eltern

1. Ordne die Aussagen Maiks Mutter oder seinem Vater zu. Lies im 6., 45., 46. und 49. Kapitel nach. Kreuze in der Tabelle an.

	Vater	Mutter
Geht offen mit eigener Alkoholkrankheit um.		
Will Maik mit Gewalt dazu zwingen, vor Gericht gegen Tschick auszusagen.		
Verhält sich unangepasst.		
Betrachtet Tschick als Anstifter zu den Gesetzesübertretungen.		
Gibt an, unabhängig vom Urteil anderer zu leben.		
Materielle Werte haben wenig Bedeutung.		
Hält es für wichtig, dass die Familie im Ansehen unbeschadet aus der Gerichtsverhandlung herauskommt.		
Hat Vorurteile gegen Tschick, weil er Spätaussiedler aus Russland ist.		

2. Für Maiks Verhältnis zu seiner Mutter ist die Poolszene (49. Kapitel) zentral. Schreibe auf, was Maik am Verhalten seiner Mutter positiv findet.

3. Welche Verhaltensweisen der Mutter sind kritisch zu sehen? Notiere.

4. Wie steht Maik vor der Reise zu seinem Vater (13. Kapitel), wie danach (46. Kapitel)? Notiere in Stichworten.

Maiks Reise – eine Heldenreise?

Ordne nach dem Lesen des 49. Kapitels den einzelnen Stationen der Heldenreise die entsprechenden Handlungsschritte aus „Tschick“ zu. Schreibe in die Tabelle.

Handlung in der Heldenreise (nach Christopher Vogler)	Handlung in „Tschick“
1. Ausgangspunkt ist die gewohnte, langweilige oder unzureichende Welt des Helden.	14. Kapitel: Maik bleibt allein zu Hause, nachdem seine Mutter und sein Vater abgereist sind.
2. Der Held wird zum Abenteuer gerufen.	16. Kapitel:
3. Er weigert sich zunächst, sich auf das Abenteuer einzulassen.	16. Kapitel:
4. Ein Freund oder Helfer überredet ihn daraufhin, die Reise anzutreten. Das Abenteuer beginnt.	16. Kapitel:
5. Der Held überschreitet die erste Schwelle, danach gibt es kein Zurück mehr.	17. Kapitel: Maik taucht auf Tatjanas Geburtstagsfeier auf und übergibt ihr sein Geschenk.
6. Der Held muss Bewährungsproben bestehen und trifft dabei auf Verbündete und Feinde.	z. B. 22., 23. oder 25. Kapitel:
7. Er dringt bis zur größten Gefahr vor und trifft dabei auf den Gegner.	43./44. Kapitel:
8. Nun findet die entscheidende Prüfung statt, bei der er den Gegner überwindet.	45./46. Kapitel:
9. Der Held erringt einen (materiellen oder geistigen) „Schatz“ als Belohnung.	46. Kapitel:
10. Der Held tritt den Rückweg an.	47. Kapitel:
11. Er ist durch das Abenteuer zu einer neuen Persönlichkeit gereift.	47. Kapitel:
12. Am Ende der Reise wird der Rückkehrer zu Hause mit Anerkennung belohnt.	47. und 49. Kapitel:

Personenkonstellation in „Tschick“

Eine Personenkonstellation dient der anschaulichen Darstellung der Figurenverhältnisse in einem literarischen Werk.

1. Erstelle nach dem Lesen des Romans eine Personenkonstellation.

a) Schneide dazu die Personenkarten unten aus und klebe sie auf ein Blatt. Verbinde die Personen, die miteinander zu tun haben, durch Pfeile.
b) Schneide die Beziehungskarten unten aus. Klebe sie passend auf das Blatt, um zu zeigen, wie die Personen zueinander stehen. Achte darauf, dass die Pfeile dabei nicht verdeckt werden. Wenn du einen weiteren Beziehungsaspekt benennen willst, schreibe ihn auf das leere Kärtchen.
c) Welche Figurenverhältnisse ändern sich im Laufe des Romans? Halte die Veränderungen in deinem Schaubild fest, indem du mehrere Beziehungskarten verwendest und diese mit zwei verschiedenen Farben markierst (z. B. Rot = Beginn des Romans, Blau = Ende des Romans).

2. Hängt die Blätter mit euren Personenkonstellationen an die Pinnwand, die Tafel oder das Whiteboard. Schaut euch die Ergebnisse eurer Mitschüler an und sprecht darüber.

Personenkarten

✂

Beziehungskarten

✂

interessieren sich füreinander	können nicht ohneeinander	beschimpft
sind Freunde	liebt	ignoriert
sind verheiratet	ist verliebt	

Im letzten Abschnitt des Materials stehen der Roman als Gattung, seine verschiedenen Ausprägungen und insbesondere die Untergattung des Coming-of-Age-Romans im Mittelpunkt. Außerdem wird mit der Verfilmung von „Tschick" die Überführung des Stoffes in ein anderes Medium betrachtet.

Unterrichtsschwerpunkte

- die Gattung Roman
- Merkmale des Coming-of-Age-Romans
- Buch-Film-Vergleich

Zu den Kopiervorlagen

KV Seite 59

Romanarten

Am Ende der Unterrichtseinheit befassen sich die Schüler mit der Gattung Roman und lernen gängige Unterarten kennen. Sie ordnen verschiedene Buchanfänge, darunter auch den Einstieg in „Tschick", den passenden Romanformen zu. Abschließend widmen sie sich der Road Novel und versuchen anhand ihrer Lektüre von „Tschick" typische Merkmale zu benennen.

Lösung
Aufgabe 1:
a) Abenteuerroman: Aufbruch des Helden in eine fremde Welt – Meistern gefährlicher Aufgaben – Rettung einer Person oder der eigenen Welt als Ziel
b) Bildungsroman: junge Hauptfigur – Vorbilder – Integration in die Gesellschaft
c) Gesellschaftsroman: Zustände und Entwicklungen der aktuellen Zeit – Zusammenleben der Menschen – realitätsnah
d) Kriminalroman: Mord – mehrere Verdächtige – Kommissar
e) Jugendroman: jugendliche Protagonisten – Herausforderungen und Probleme der Jugend – Jugendsprache

Aufgabe 2:
In Front des schon seit Kurfürst Georg Wilhelm von der Familie von Briest bewohnten Herrenhauses zu Hohen-Cremmen (…): c) Gesellschaftsroman (Theodor Fontane, „Effi Briest")
Als Erstes ist da der Geruch von Blut und Kaffee (…): e) Jugendroman (Wolfgang Herrndorf, „Tschick")
Kaum fünf Minuten nachdem der Notruf eingegangen war (…): d) Kriminalroman (Jussi Adler-Olsen, „Natrium Chlorid")

Aufgabe 3:
Thema: unterwegs sein; die Handlung springt: andere Orte, andere Menschen, andere Verhältnisse; episodische Struktur; die Hauptfigur reift anhand von verschiedenen Begegnungen; der Held gerät immer wieder in Schwierigkeiten, aus denen er sich befreien muss; das Ziel der Reise ist ein Sehnsuchtsort (z. B. „Walachei"), der oft nicht erreicht wird

KV Seite 60 / 61

Ein Coming-of-Age-Roman

Diese Romanart ist eine moderne Form des Bildungs- und Entwicklungsromans, wie man ihn aus dem 18. Jahrhundert kennt. Prominente Beispiele sind Wielands „Geschichte des Agathon" und Goethes „Wilhelm Meisters Lehrjahre". Durch verschiedene Erfahrungen und Begegnungen mit seinen Mitmenschen wird der Held erwachsen und beherrscht seine Rolle in der Welt immer besser. Die beiden Arbeitsblätter machen die Schüler zunächst mit dem Konzept des Coming-of-Age-Romans bekannt. Anschließend führen sich die Jugendlichen die Entwicklung des Ich-Erzählers und der gleichaltrigen Figuren in „Tschick" vor Augen und erkennen, dass Maik die wichtigste Veränderung durchläuft. Im Klassengespräch können Sie darauf eingehen, dass die gemeinsame Fahrt mit dem Lada die Entwicklung der beiden Protagonisten auslöst und beschleunigt.

Lösung
Aufgabe 1:
Es klingt so wahnsinnig modern! Coming-of-Age-Roman! Da schiebt man doch gleich ein imaginäres „Wow!" hinterher. Dabei heißt „to come of age" auf Englisch nichts anderes als „mündig, volljährig werden". In dieser Sorte Romane altern also Jugendliche. Und es geht in der Regel um alle möglichen Fährnisse und Prüfungen auf dem Weg ins Erwachsenenalter. Am Ende der Geschichte ist irgendetwas passiert: Ein vielversprechender Held kommt unter die Räder; ein hässliches Entlein wächst zur strahlenden Frau heran; ein Dritter stolpert, strauchelt, fängt sich wieder und findet seinen Platz in der Welt.

Aufgabe 2:
z. B. Roman vom Erwachsenwerden

Aufgabe 3:
Schule/Gleichaltrige: Zu Beginn des Romans war Maik unauffällig und galt als „Psycho" bzw. „Langweiler". Am Ende gewinnt Maik die Aufmerksamkeit und das Interesse seiner Mitschüler.
Eltern/Familie: Im Laufe des Romans hat Maik sich emanzipiert, insbesondere von seinem Vater und dessen

Erwartungen. So gelingt ihm eine Annäherung an die Mutter, was die Schlussszene zeigt.
Mädchen/Liebe: Zu Beginn des Romans wird Maik von den Mädchen weitgehend ignoriert. Er ist in Tatjana verliebt, die ihn jedoch nicht beachtet. Am Ende signalisieren gleich zwei Mädchen Interesse an Maik: Tatjana und Isa.
Gesellschaft/Gesetz: Anfangs war es Maik wichtig, an gesellschaftliche Normen angepasst zu sein und mit dem Gesetz nicht in Konflikt zu geraten. Während der Reise begeht er kleinere Gesetzesverstöße. Nach der Rückkehr wird er durch die gerechte Strafe rehabilitiert und findet seinen Platz in der Gesellschaft. Allerdings ist ihm nun weniger wichtig, was andere über ihn denken, und er weicht vom Normverhalten ab, wenn er meint, das Richtige zu tun.

Aufgabe 4:
Tschick: Zu Beginn des Romans ist er ein Außenseiter. Er trinkt Alkohol und fällt in der Schule durch unangepasstes Verhalten negativ auf. Am Ende zeigt sich, dass Tschick zu seinen Freunden hält, verlässlich und loyal ist.
Isa: Sie entwickelt sich vom verwahrlosten Mädchen zu einer jungen Frau, die zwar unkonventionell denkt und lebt, auf deren Wort aber Verlass ist.
Tatjana: Sie ist zu Beginn recht oberflächlich, was ihre sozialen Beziehungen angeht. So nimmt sie Maik, den sie für einen Langweiler hält, gar nicht wahr. Am Ende des Romans ist sie zwar neugierig auf das, was Maik erlebt hat. Ob ihr Interesse aber auch Maik als Person gilt, bleibt offen.

Aufgabe 5:
Die wichtigste Veränderung durchläuft Maik. Er zeigt am Ende deutlich erwachseneres Verhalten, etwa, wenn er während der Gerichtsverhandlung Tschick beispringt. Von den Werten seines Vaters hat er sich gelöst, eine Annäherung an die Mutter hat stattgefunden. Insgesamt hat sich Maik von den Erwartungen anderer an ihn emanzipiert.

KV Seite 62

Meine Erwartungen an den Film
„Tschick" wurde mit großem Erfolg unter der Regie von Fatih Akin verfilmt. Der Film kam 2016 in die Kinos und erhielt überwiegend positive Kritiken (z.B. Spiegel, Frankfurter Allgemeine, Frankfurter Rundschau, Süddeutsche Zeitung). Dieses Arbeitsblatt ermöglicht es den Schülern, sich vorab mit ihren eigenen Vorstellungen von einer Verfilmung auseinanderzusetzen und damit quasi in die Rolle des Regisseurs zu schlüpfen: Sie machen sich Gedanken über Aufbau und Szenenauswahl sowie die Verkörperung der beiden Hauptfiguren. Hierbei ist es wichtig, dass die Jugendlichen ihre individuellen Entscheidungen nachvollziehbar begründen.

Nachdem der ganze Film in der Klasse angeschaut wurde, ist es sicher interessant, die eigenen Ideen mit der Umsetzung durch Fatih Akin zu vergleichen.

KV Seite 63

Den Trailer untersuchen
Der Trailer zeigt in schneller Folge, jedoch nicht chronologisch, Szenen aus dem Film. Er kann dazu dienen, das Lektürewissen der Schüler noch einmal zu aktivieren und sie an die verschiedenen Handlungsabschnitte zu erinnern. Außerdem regt das Arbeitsblatt zum Buch-Film-Vergleich an, indem die Jugendlichen die Darstellung der Liebesszene zwischen Maik und Isa im Trailer und im Buch einander gegenüberstellen. Abschließend überlegen die Schüler, welche Szenen sie zusätzlich in einen Trailer aufgenommen und wie sie den Anfang des Trailers gestaltet hätten, und begründen ihre Entscheidungen.

Lösung
Aufgabe 1:
Szenen, die nicht im Trailer vorkommen: Adel auf dem Radel, Begegnung mit Lutz Heckel in der Bäckerei, Essen bei Friedemanns Familie

Aufgabe 2:
In der Liebesszene im Trailer küsst Isa Maik. Im Buch verhindert die Rückkehr von Tschick den Kuss.

KV Seite 64

Ein Filmplakat gestalten
Dieses Arbeitsblatt spricht Schüler an, die künstlerisch tätig werden wollen. Vorbereitend überlegen sie, welche Elemente auf einem Filmplakat abgebildet werden sollten. Anschließend wählen sie eine Filmszene für ihr Plakat aus und begründen ihre Entscheidung. Zum Schluss gestalten sie ein Plakat nach ihren Vorstellungen und nutzen dafür die Abbildungen vom Arbeitsblatt. Die fertigen Filmplakate können in der Klasse präsentiert und aufgehängt werden.

Gesprächsanlass

Ein Film über ein Mädchen
Der Film wird im Trailer als „Die Geschichte über zwei Jungs und ihren geklauten Lada" beschrieben. Stellt euch vor, ihr sollt einen Film über ein Mädchen aus dem Roman drehen. Wählt zwischen Isa und Tatjana. Welche Szenen würden in eurem Film vorkommen und wie würde der Titel lauten? Sammelt Ideen und tauscht euch darüber aus.

Kreativ aktiv

Buch-Film-Vergleich und Filmkritik
Schaut euch den ganzen Film an und vergleicht ihn mit dem Roman. Was gefällt euch am Buch besser, wo setzt der Film neue interessante Akzente? Sprecht darüber und macht euch Notizen. Schreibt anschließend eine Filmkritik. Vielleicht könnt ihr sie in der Schülerzeitung veröffentlichen.

Romanarten

1. Ordne den Romanarten die passenden Beschreibungen zu.

- a) Abenteuerroman
- b) Bildungsroman
- c) Gesellschaftsroman
- d) Kriminalroman
- e) Jugendroman

- jugendliche Protagonisten – Herausforderungen und Probleme der Jugend – Jugendsprache
- Zustände und Entwicklungen der aktuellen Zeit – Zusammenleben der Menschen – realitätsnah
- Aufbruch des Helden in eine fremde Welt – Meistern gefährlicher Aufgaben – Rettung einer Person oder der eigenen Welt als Ziel
- junge Hauptfigur – Vorbilder – Integration in die Gesellschaft
- Mord – mehrere Verdächtige – Kommissar

2. Zu welchen Romanformen passen diese Buchanfänge? Trage die entsprechenden Buchstaben aus Aufgabe 1 in die Kästchen ein.

☐ In Front des schon seit Kurfürst Georg Wilhelm von der Familie von Briest bewohnten Herrenhauses zu Hohen-Cremmen fiel heller Sonnenschein auf die mittagsstille Dorfstraße, während nach der Park- und Gartenseite hin ein rechtwinklig angebauter Seitenflügel einen breiten Schatten erst auf einen weiß und grün quadrierten Fliesengang und dann über diesen hinaus auf ein großes in seiner Mitte mit einer Sonnenuhr (...) besetztes Rondell warf.

☐ Als Erstes ist da der Geruch von Blut und Kaffee. Die Kaffeemaschine steht drüben auf dem Tisch, und das Blut ist in meinen Schuhen. Um ehrlich zu sein, es ist nicht nur Blut. Als der Ältere „vierzehn" gesagt hat, hab ich mir in die Hose gepisst. Ich hab die ganze Zeit schräg auf dem Hocker gehangen und mich nicht gerührt. Mir war schwindlig. Ich hab versucht auszusehen, wie ich gedacht hab, dass Tschick wahrscheinlich aussieht, wenn einer „vierzehn" zu ihm sagt, und dann hab ich mir vor Angst in die Hose gepisst.

☐ Kaum fünf Minuten nachdem der Notruf eingegangen war, bremste der Rettungswagen auf dem Rasen, wo sich den Sanitätern ein Szenario darbot, so unbeschreiblich, dass es sich förmlich in die Netzhaut einbrannte: sechs leblose Körper um ein dampfendes Loch.

„Tschick" wird häufig auch als Road Novel bezeichnet.

3. Tragt anhand eurer Lektüre die wichtigsten Merkmale einer Road Novel im Unterrichtsgespräch zusammen.

Ein Coming-of-Age-Roman (1)

„Tschick" ist nicht nur ein Jugendroman in Form einer Road Novel, sondern auch ein klassischer Coming-of-Age-Roman.

1. Lies den Text über diese Romanart und unterstreiche die wichtigsten Informationen.

Wer altert im Coming-of-Age-Roman?

von Maike Albath

Es klingt so wahnsinnig modern! Coming-of-Age-Roman! Da schiebt man doch gleich ein imaginäres „Wow!" hinterher. Dabei heißt „to come of age" auf Englisch nichts anderes als „mündig, volljährig werden". In dieser Sorte Romane altern also Jugendliche. Und es geht in der Regel um alle möglichen Fährnisse und Prüfungen auf dem Weg ins Erwachsenenalter. Am Ende der Geschichte ist irgendetwas passiert: Ein vielversprechender Held kommt unter die Räder; ein hässliches Entlein wächst zur strahlenden Frau heran; ein Dritter stolpert, strauchelt, fängt sich wieder und findet seinen Platz in der Welt.

Quelle: *https://www.deutschlandfunk.de/endlich-mal-erklaert-wer-altert-im-coming-of-age-roman-100.html*

2. Finde eine deutsche Übersetzung für „Coming-of-Age-Roman". Schreibe sie auf.

____

3. Notiere, welche Entwicklung Maik im Roman nimmt. Orientiere dich dabei an den vorgegebenen Oberbegriffen, die für verschiedene Lebensbereiche stehen.

Schule / Gleichaltrige:

____

____

____

____

____

____

____

____

Eltern / Familie:

____

____

____

____

____

____

____

____

Ein Coming-of-Age-Roman (2)

Mädchen / Liebe:

Gesellschaft / Gesetz:

4. Notiere, welche Entwicklung die anderen Jugendlichen bis zum Romanende nehmen.

Tschick:

Isa:

Tatjana:

5. Welche Figur durchläuft die größte oder wichtigste Veränderung? Sprecht darüber.

Meine Erwartungen an den Film

Bei einer Buchverfilmung müssen oft einzelne Szenen entfallen, damit der Film nicht zu lang wird.

1. Welche der folgenden Szenen würdest du weglassen, welche nicht? Warum? Ergänze die Tabelle.

Szene	Weglassen	Nicht weglassen
Maik stellt sich vor, er sei ein CIA-Agent und Mona seine heimliche Geliebte.		
Maik übergibt Tatjana die Zeichnung von Beyoncé als Geburtstagsgeschenk.		
Tschick klebt sich Isolierband ins Gesicht, um älter auszusehen.		
Maik und Tschick begegnen dem „Adel auf dem Radel“.		
Maik und Tschick treffen Isa auf der Müllkippe.		

Häufig wird in einer Verfilmung auch die Reihenfolge der Szenen geändert.

2. Wie würdest du die Verfilmung von „Tschick“ beginnen? Kreuze an und begründe.

☐ Ich würde das 1. bis 4. Kapitel am Anfang des Films lassen.

☐ Ich würde den Film mit dem 5. Kapitel beginnen.

Begründung: ______________________________

____

____

____

____

3. Suche im Internet Bilder der Schauspieler, die Maik und Tschick im Film verkörpern. Sehen sie genauso oder ähnlich aus, wie du sie dir beim Lesen vorgestellt hast? Kreuze an und erläutere deine Antwort.

Maik ☐ sieht ähnlich aus ☐ sieht anders aus, weil ______________________________

____

Tschick ☐ sieht ähnlich aus ☐ sieht anders aus, weil ______________________________

____

Den Trailer untersuchen

1. Schaut euch auf Youtube den Trailer zu „Tschick“ an. Unterstreiche die Szenen, die du erkannt hast. Achtung: Drei der Szenen kommen im Trailer nicht vor. Kreise diese rot ein.

Maiks Mutter beim Tennis – Isa auf der Müllkippe – Adel auf dem Radel – Liebesszene zwischen Maik und Isa am See – Tschick kommt neu in die Klasse – Maik liest die Reizwortgeschichte über seine Mutter vor – Tschick fährt zum ersten Mal mit dem Lada bei Maik vor – Begegnung mit Lutz Heckel in der Bäckerei – Essen bei Friedemanns Familie – Maik im Krankenhaus – Maik, Tschick und Isa am Stausee – Maik bei Tatjanas Geburtstagsparty – Maik und seine Mutter werfen Möbel in den Pool

2. Wodurch unterscheidet sich die Liebesszene zwischen Maik und Isa im Film von der Szene im Buch (33. Kapitel)? Notiere.

3. Welche der eingekreisten drei Szenen hättest du in den Trailer aufgenommen? Begründe deine Wahl.

4. Der Trailer beginnt mit der Fahrt von Maik und Tschick durch das Feld. Für welche Szene hättest du dich entschieden und warum? Schreibe auf.

Ein Filmplakat gestalten

1. Was sollte auf einem Filmplakat zu sehen sein? Kreuze an, was du für wichtig hältst.

☐ die Hauptfiguren	☐ eine oder mehrere Szenen aus dem Film
☐ der Titel des Films	☐ die Namen aller Schauspieler
☐ der Name des Regisseurs	☐ die Spieldauer

2. Sprich mit einem Partner darüber, welche Szene aus dem Film „Tschick“ ihr für das Filmplakat auswählen würdet. Begründet eure Wahl.

Szene: ____

____

Begründung: ____

____

____

3. Gestaltet auf einem DIN-A3-Blatt ein Filmplakat zu „Tschick“. Ihr könnt dafür die folgenden Bilder verwenden. Schneidet sie aus, gestaltet sie farbig und klebt sie auf.

✂